KB090332

제대 군인 200% 취업 성공 바이블

충성!
취업을
명 받았습니다

★제대 군인 200% 취업 성공 바이블★

충성! 취업을 명 받았습니다

2022. 3. 14. 초 판 1쇄 인쇄
2022. 3. 21. 초 판 1쇄 발행

지은이 │ 윤대철
펴낸이 │ 이종춘
펴낸곳 │ BM ㈜도서출판 **성안당**
주소 │ 04032 서울시 마포구 양화로 127 첨단빌딩 3층(출판기획 R&D 센터)
      │ 10881 경기도 파주시 문발로 112 파주 출판 문화도시(제작 및 물류)
전화 │ 02) 3142-0036
     │ 031) 950-6300
팩스 │ 031) 955-0510
등록 │ 1973. 2. 1. 제406-2005-000046호
출판사 홈페이지 │ **www.cyber.co.kr**
ISBN │ 978-89-315-5786-2 (13320)
정가 │ 17,000원

이 책을 만든 사람들
기획 │ 최옥현
진행 │ 오영미
교정·교열 │ 김동환
본문 디자인 │ 김인환
표지 디자인 │ 박현정
홍보 │ 김계향, 이보람, 유미나, 서세원
국제부 │ 이선민, 조혜란, 권수경
마케팅 │ 구본철, 차정욱, 나진호, 이동후, 강호묵
마케팅 지원 │ 장상범, 박지연
제작 │ 김유석

■ 도서 A/S 안내

성안당에서 발행하는 모든 도서는 저자와 출판사, 그리고 독자가 함께 만들어 나갑니다.
좋은 책을 펴내기 위해 많은 노력을 기울이고 있습니다. 혹시라도 내용상의 오류나 오탈자 등이 발견되면 "좋은 책은 나라의 보배"로서 우리 모두가 함께 만들어 간다는 마음으로 연락주시기 바랍니다. 수정 보완하여 더 나은 책이 되도록 최선을 다하겠습니다.
성안당은 늘 독자 여러분들의 소중한 의견을 기다리고 있습니다. 좋은 의견을 보내주시는 분께는 성안당 쇼핑몰의 포인트(3,000포인트)를 적립해 드립니다.

잘못 만들어진 책이나 부록 등이 파손된 경우에는 교환해 드립니다.

★ 제대 군인 200% 취업 성공 바이블 ★

충성!
취업을
명 받았습니다

윤대철 지음

BM (주)도서출판 성안당

머리말 이 책을 왜 썼을까?

과거와 달리 오늘날의 군대는 단순하게 개인 화기만을 다루는 조직이 아닌, 최첨단 장비를 다루는 현대 기술의 집약적 조직이 되었다. 그리고 이 최첨단 장비를 다루기 위해 병사들 또한 고학력자로 구성되고 있으며, 어떤 분야에서는 일반인들은 접하기 어려운 미래 기술을 습득·보유하고 있다.

하지만 이들이 전역 후 사회로 복귀하면 최첨단 장비를 다루던 기술은 낮게 평가되고, 대부분 단순노동 일자리만 제공된다. 그렇기 때문에 이들의 사회 복귀는 일반인의 취업 준비와는 달라야 하며, 취업 후 조직 적응도 일반인과는 다르게 코칭 되어야 한다. 그러나 시중에 제대 군인(이하 '제군'이라 호칭)을 위한 취업 및 창업 준비 관련 서적은 찾아보기가 힘들다.

군에서는 전역을 앞둔 군인들을 위해서 사회로 나가기 전 짧게는 1개월, 길게는 1년간 취업 및 창업을 준비할 수 있는 '직보 기간'이란 시간을 주고 있다. 하지만 무엇이 잘못되었는지 이 기간에 자신의 경력이나 적성과는 무관한 일자리를 찾거나 친구 따라 강남 가듯 현실감 없는 자격증을 취득하기도 하고, 어렵게 들어간 회사에 적응을 못하여 잦은 이직을 하는 등 시간을 낭비하고 있는 제군들이 의외로 많다.

저자는 현재 20여 년의 기업 근무 경력을 바탕으로 공공기관에서 제군들의 일자리 발굴을 위해 기업 현장을 발로 뛰며, 취업을 돕고 있다. 따라서 전역 전 무엇을 준비해야 하고, 제2의 인생을 위한 직업 포트폴리오는 어떻게 작성해야 하는지, 또 취업을 하기 위해서는 무엇을 해야 하며, 입사 후 조직 적응은 어떻게 해야 하는지 등을 교과서가 아닌 현장에서 체험한 실제 경험들을 통하여 얻은 정보들을 들려주며, 제군들에게 작은 도움이라도 주고 싶어 서툰 펜을 잡았다.

취업 후, 잦은 이직의 원인으로는 개인의 성향과 조직의 분위기, 적성과 경력에 맞지 않는 업무 수행 등 다양한 이유가 있다. 그러나 전역 후 자신의 성향과 적성, 경력 등에 맞는 직업을 찾았다면, 다시 말해 본인이 잘할 수 있는 직무를 맡았다면 최소한 1년은 근무해 봐야 한다.

어렵게 들어간 회사에서 3개월도 채 안 되어 이직 및 퇴직을 한다는 것은 그만큼 견디기 힘들었다는 말이다. 하지만 전역 전 충분한 정보를 접하고 기업에서 실제 어떤 일들이 일어나는지, 기업과 군이란 조직이 어떻게 다른지, 또 현재 유망 직종은 무엇이며 나의 보직과 연관된 민간자격증과 그에 따른 대우는 어떠한지 등을 충분히 조사하고 준비하여 자신과 맞는 직무를 찾아 입사한다면, 적성에 맞고 좋아하는 일이기에 최소 1년 이상은 근무할 수 있을 것이다.

마지막으로 취업 및 창업을 지원하는 모든 공공기관에서는 양적인 취업 실적보다 장기 근무의 질적인 취업 실적으로 성과를 챙겼으면 좋겠다. 즉, 취업률이 얼마나 높은지 보다 구직자가 얼마나 오래 근무하는가를 챙겨 보았으면 좋겠다는 것이다.

자! 그럼 지금부터 전직 준비에 대해 말해보려 한다. 본문에 들어가기에 앞서 독자분들에게 양해를 구할 것이 있다. 저자는 전문적으로 글을 쓰는 작가가 아니기 때문에 서체가 좀 투박할 수도 있다. 너그러운 마음으로 양해를 부탁드린다.

차례

취업 후, 회사 적응하기

1부

제대하고 뭐할까?

Chapter 1
전역 준비 잘하고 있습니까?

'설렘' 한 바가지와
'불안' 한 트럭

전역을 앞둔 대부분의 군인들이 제대 전 '취직'을 생각하는데, 여기서 한 가지 문제가 발생한다. 바로 아무런 계획도 없이 취직을 하려고 한다는 것이다. 자신들도 제2의 인생이라고 생각하는 전역 후의 삶을 계획도 없이 그냥 살려고 하는 것이다. 그러나 작은 계획도 세우지 않은 채 '될 대로 되라'는 식의 삶을 살아서는 안 된다. 5년 후, 10년 후의 목표와 계획을 세우고, '내가 어떤 모습이 되면 좋을까'를 항상 생각해야 한다.

'군대'라는 조직은 작은 훈련이라도 개개인의 특기에 맞춰 무엇을 해야 하는지, 어떤 식으로 임무를 수행해야 하는지 등 수십 가지의 상황에 맞춰 계획을 짠다. 그런데 훈련보다 더 중요하고 예측 불가한 자신들의 미래에 대한 계획은 어찌하여 짜지 않는 것일까?

취직은 끝이 아니라 새로운 시작이다. 그렇기 때문에 전역하기 전에 제2의 인생을 어떻게 시작할 것인지 철저한 계획을 세워야 한다. 하지만 제군들과 취업에 관련된 여러 상담을 해본 결과, 연금 수령자는 급여보다 자신의 연고지 근처에서 주5일 주간 근무할 수 있는 곳을, 비연금 수령자는(대부분 20~40대 초반) 연봉이 높은 곳을 소개해 달라고 요청한다. 자신들의 적성 및 경력과는 아무 연관이 없는 일이여도 좋다는 것이다. 그런 제군들을 보고 있으면 제2의 인생을 그냥 내던지고 있다는 생각이 든다.

군대는 완벽하게 잘 짜여진 시나리오처럼 일정한 시간이 지나면 어느 선까지는 알아서 진급도 하고, 연봉도 달라진다. 하지만 '회사'라는 조직은 다르다. 시간이 지난다고 알아서 진급하지 않는다. 비슷한 점이 하나 있다면 상사와 좋은 관계를 유지해야 한다는 것 정도일 뿐이다. 게다가 회사는 '우수한 실적'이란 것이 있어야 하며, 사내에서 규정한 일정 수준의 지식과 어학 성적, 자격증 등을 필요로 한다. 수많은 승급 대상자 중 한정된 인원만을 선정해야 하므로 이러한 기준을 두어 탈락자들의 불만을 최소화시키는 것이다. 하지만 회사에 엄청난 기여를 하여 큰 수익을 내거나 큰 손실을 막아선 공로가 크면, '발탁 인사제'를 통해 특진을 할 수도 있다. 이처럼 회사에는 연공, 서열 순이 없다. 오로지 자신의 실적과 능력에 맞춰 진급이 되고, 연봉이 달라진다.

또 군대는 입대 시 전문 지식이 없어도 그 조직에 들어가면 국민과 국가, 그리고 조직 구성원들의 생명과 안전이 달려 있기에 조직과 관련된 모든 지식을 하나씩 자세하게 알려준다. 그리고 '계급'이란 것이 그 사람의 신분과 품위를 어느 정도 만들어준다. 만약 취직을 했는데 제군보다 늦게 입사한 고학력 사원이 상사에게 더 인정을 받거나, 제군의 지시를 무시한다면 어떻게 할 것인가? 상관의 명령에 절대복종하던 제군들은 아마 엄청난 스트레스를 받을 것이다. 군대에서는 부하가 상관에게 대들거나 상관의 명령에 불복종한다면, '하극상', '명령 불복종' 등의 이유로 영창에 가게 될 수도 있다. 군대에서 상관의 명령은 절대적인 힘을 가지고 있기 때문이다. 그러나 회사는 사원이 과장한테 대든다고 해서 영창에 가지는 않는다. 물론 진급이나 회사 생활을 하는 데 있어서 불이익은 있겠지만, 군대처럼 영창, 즉 감옥 같은 곳에 수감되지는 않는 것이다. 오히려 요즘은 상사가 화가 나서 부하에게 소리만 질러도 '인권위원회'에 고발당한다.

어느 전역 장교가 쓴 글이다.

"군대는 전쟁터지만, 사회는 지옥이다."

지옥이 무서운 건 육신의 고통이 아니라 그 고통을 영원히 느껴야 한다는 정신적 두려움과 공포 때문은 아닐까?

그렇다면 회사에 입사해서 어떻게 처신하는 것이 좋을까? 지금부터 그 이야기를 해보려고 한다.

영점사격
🎯 제대 군인 통계

전국의 제대 군인이 얼마나 되는지 통계를 찾아보았다. 전역하면 모두가 똑같은 취준생(취업 준비생), 창준생(창업 준비생)이기에 따로 육해공군으로 나누지 않았다.

중·장기 복무를 하고 전역한 군인들이 안정적으로 사회에 복귀할 수 있도록 돕는 국가 기관이 있다. 바로 '국가보훈처 제대군인지원센터'이다. 이 기관은 제대 군인들을 위한 '고용노동부'와 같은 역할을 한다. 군인들은 복무 시 일반 직장인처럼 고용보험을 넣지 않기 때문에 전역 후 취업을 못하여도 '실업 급여', '취업교육 훈련'을 지원받지 못한다. 그래서 국가보훈처 제대군인지원센터에서 제대 군인들을 위해 '전직 지원금(실업 급여) 지급', '교육 훈련비 지원', '창업 지원', '취업 알선' 등의 고용노동부와 같은 역할을 대신해주는 것이다.

매년 전국에서 약 6~7천 명 정도의 중·장기 복무 군인이 전역을 한다. 그중 66% 정도만이 국가보훈처 제대군인지원센터에 회원 등록을 한다고 하니, 나머지 34%의 제대 군인은 이런 다양한 혜택을 받지 못하고 있는 것이다. 다수의 중·장기 복무 군인들은 이 제대군인지원센터가 있는지도 모르고 있기 때문이다.

5년 이상 복무한 제군들이라면, 꼭 자신의 주소지에 있는 제대군인지원센터에 등록하라고 권한다. 또 인터넷 검색창에 '국가보훈처 제대군인지원센터'라고 검색한 뒤, 방문해 보자. 일반인은 회원 등록이 안 되며, 5년 이상 중·장기 복무를 한 군인들만 회원 등록이 된다. 다양한 채용 정보부터 제대 군인을 위한 각종 지원 및 행사 등의 내용을 볼 수 있다.

전국 제대 군인 통계

(단위: 명)

	2011	2012	2013	2014	2015	2016	2017	2018	2019	2020
중기 복무	2,457	2,651	2,417	2,591	3,150	3,935	3,442	3,566	3,564	3,126
장기 복무	3,680	3,540	3,213	3,725	4,212	3,387	3,549	3,601	4,112	4,105
계	6,137	6,191	5,630	6,316	7,362	7,322	6,991	7,167	7,676	7,231

• 중기 복무: 5년 이상 10년 미만 현역 복무자 / 장기 복무: 10년 이상 현역 복무자
• 5년 미만 전역 군인은 통계에 미포함

제대 군인 현황

※출처: e-나라 지표(www.index.go.kr)

제대 군인 통계 자료를 넣은 이유는 매년 얼마나 많은 군인들이 전역을 하고, 전직 준비를 하는지 알려주고 싶었기 때문이다. 또 통계에 기록된 숫자는 매년 증가할 것이다. 그러므로 긴장감을 갖고 확실하게 준비하여야 한다. '전역'이란 대한민국 모든 군인들이 한 번씩 넘어야 하는 산이기 때문이다. 따라서 연금 없이 전역을 하거나, 연금이 월 500만 원 이하인 제군들은 적극적으로 전직 준비를 해야 한다. 군에서는 계급장이 신분이지만, 사회에서는 돈이 신분이고 명함이다. 너무 속물 같아 보이지만 이게 현실이다.

많은 제군들과 상담을 진행하다 보면 대부분이 매달 200~300만 원 정도의 연금 덕분에 보수보다 편안한 일자리 찾는다. 그러나 전역을 하고 나온 40~50대 제군들에게는 고등학생, 대학생의 자녀가 있을 것이다. 한참 자녀들에게 많은 돈이 들어갈 시기인 것이다. 물론 자녀에게 돈이 들어가지 않는다면, 300만 원 정도의 연금으로도 충분히 생활이 가능하다. 하지만 수험 준비를 하는 아이가 있다면 한 달 학원비만으로 100~200만 원씩 들어간다. 또 자식이 타지역 소재 대학교에 합격하여 전액 장학금을 받는다 해도 학교를 다니면서 필요한 하숙비와 용돈은 어떻게 할 것인가?

조직이란 다 비슷한 곳이라고 생각하겠지만, 회사는 '목표를 달성'하는 곳이고 군대는 '명령을 수행'하는 곳이다. 목적 자체가 다른 것이다. 따라서 회사에서는 군대에서 하던 것처럼 행동하고 근무하면 안 된다. 이와 관련된 내용은 'Ⅲ부 - Chapter 6'에서 자세하게 다루겠다.

전직 지원 기간,
무엇을 준비했습니까?

앞서 말하였지만, 제군들의 취업 상담을 하다 보면 대부분의 제군들이 현장감 없는 준비로 전역하여 사회로 나온다는 것을 알 수 있었다. 군에는 '직보 기간'이라는 것이 있다. 중·장기 제군들의 전직을 위한 군의 배려로 짧게는 1개월, 길게는 1년간 취업 및 창업을 준비할 수 있도록 주어지는 시간이다. 그러나 이 직보 기간 동안 이루어진 '전직 지원 교육'에서 무엇을 배웠는지에 대해 물어보면 대부분 아무 기억이 없다고 한다. 너무나 안타까운 일이다. 많은 제군들이 이 황금 같은 시간을 무의미하게, 또 아무 계획도 없이 보내고 있는 것이다.

왜 모든 제대 예정 군인들이 국방부의 전직 지원 시스템을 100% 활용하지 않는 것인지를 여러 제군들과 상담을 진행하면서 알게 되었다. 이런저런 이유는 많았지만, 핵심적인 이유는 다음과 같다.

❷ 전직 지원 업무의 조직적 한계성

각 군부대 전직 지원 부서에는 일반 직장인 출신 상담사가 거의 없다. 대부분 현직 군인과 군무원들로 구성되어 있다. 군무원도 군 전역과 동시에 군무원 채용시험을 통해 전직한 경우가 많으므로 군인과 마찬가지이다.

전직 상담은 제2의 인생 상담이다. 또 상담은 다른 사람에게 말하기 어려운 자신의 마음속 이야기를 해야 하는 자리이기도 하다. 이렇듯 자신의 개인적인 고민에 대해 말해야 하는 자리에서 명예에 죽고 사는 군인들이 후배들에게 전직 상담을 하러 갈 수 있을까? 전역 후에도 동기 모임, 기수 모임 등을 통해서 다시 볼 텐데 말이다. 게다가 군대 이외에 직업 세계를 모르는 건 상담자와 피상담자 모두 마찬가지인데, 누가 누구의 직업 상담을 해준다는 것일까? 그러므로 전직 지원 부서에는 군인이 아닌 일반 제조업체에서 임원이나 인사부서 간부로 근무하다 퇴직한 일반인 상담사도 있어야 한다. 그러나 아무나 채용하는 것이 아닌, 기업에서 인사 및 채용 상담에 경륜이 있는 장년층 이상, 또 직업 상담과 관련된 자격증을 소유한 사람은 가점을 주는 방식으로 채용해야 한다. 전역하는 장기 복무자 및 영관급 군인들도 상담 시 자신보다 어린 상담사보다는 어느 정도 연배가 비슷하거나 높은 상담사가 좀 더 편할 것이기 때문이다(온라인을 활용하면 비상근 위촉상담사 채용이 가능하다).

취업을 지원하는 대부분의 취업지원센터 역시, 일반 제조업체나 기업에서의 근무 경험이 전혀 없는 상담사를 채용하여 운영하는 곳이 상당히 많다. 30년간 제조업체에서 근무하다 퇴직한 아버지가 제조회사 문턱에도 가 보지 않은 젊은 상담사에게 경력 코칭과 재취업 상담을 받아야 하는 것은, 국내 직업 상담의 조직 구조 전반에 걸친 문제이기도 하다. 그러므로 조금 더 원활한 상담 환경을 위해 이러한 문제들은 정부에서도 한번쯤 고민해 볼 필요가 있다.

⊙ 집체식 교육 훈련

국방 전직 교육은 3군(육해공군)을 대상으로 모든 프로그램이 구성되어 있다. 그러나 각 군의 특성에 맞춰 직업 훈련 및 교육 프로그램이 구성되어 있지는 않다.

해군과 공군은 주로 장비를 다루는 군종이므로 기술 병과가 많고, 육군은 육상에서의 방어와 전투를 위해 개인의 특공 기술과 화기(일반 기업에서는 사용하지 않는 첨단 장비)를 다루는 병과가 많다. 따라서 전역한 제군들의 취업 포트폴리오는 각 군종에 맞게 작성되어야 한다. 범용적인 직업 훈련 및 교육 프로그램으로는 제군들의 군 경력과 적성에 맞는 기업 및 직무를 찾기는 힘들기 때문이다.

제군들과 상담을 진행하면서 '전직 지원 교육을 받는 이유'에 대해 질문을 하면, 대다수의 제군들이 "전직 지원 교육은 전역 전후, 여러 가지 혜택을 위해 필수로 이수해야하는 항목이기 때문"이라고 답한다. 많은 제군들이 전직 지원 교육을 그저 혜택을 위한 수단으로 생각하고 있는 것이다. 물론 전직 지원 교육 시스템이 잘못된 것은 아니다. 반드시 많은 제군들이 이수해야 한다고 생각한다. 그러나 국방부에서 전략을 수립했으면, 각 군에서는 세부적인 전술을 짜서 제군들의 취업을 지원해줘야 한다. 사회 진출에 있어서 제군들은 초보자이기 때문이다. 따라서 제군들에게 알아서 모든 걸 하라고 하는 것은, 이제 막 초등학교에 입학한 저학년 학생들에게 알아서 학교에 찾아가라고 하는 것과 같은 상황임을 잊지 말자.

❷ 계급 명령 체계의 구조

일반 심리상담사와 군 심리상담사 자격증을 공부할 때, 인간의 심리적 요인은 군인이나 일반인 둘 다 큰 차이는 없으나, 군인은 군대라는 특수한 환경으로 인해 일반인이 느끼지 못하는 또 다른 심리적 변화와 고통을 받고 있다는 것을 알 수 있었다. 바로 '상명하복의 명령 체계'에서 오는 '심리적 압박감'과 '구속감'이었다. 아무리 곧 제대를 앞두고 있는 사병이나 부사관이라고 하여도, 장교들이 있는 전직 지원 부서에 찾아가서 자신의 모든 걸 내보이고 상담하기란 쉽지 않은 일이다.

또 취업 지원 홈페이지에 있는 채용 공고를 보면, 군 관련 양질의 일자리는 대부분 장교들에게 열려 있고, 부사관 및 사병에게 주어지는 일자리는 거의 없다. 계급에 따라 보이지 않는 차별과 선입견이 존재하고 있는 것이다. 이러한 문제들은 반드시 개선되어야 한다. 사회에 나오면 모두가 똑같다. 사병, 부사관, 장교를 떠나 모든 직업은 모두에게 공평하게 열려 있어야 한다. 전진 지원 교육을 받고도 군 관련 일자리에 지원할 자격이 없다면, 더 이상 군에서 제공하는 취업 관련 정보는 제군들과 상관없는 정보가 될 것이다.

❷ 순환 보직에 따른 전문성 문제

정부 소속의 공공기관은 보통 2년 내 다른 직무로 보직 발령이 난다. 이러한 인사 정책에는 여러 가지 이유가 있겠지만, 조직원들의 다양한 업무 경험을 통해 부서 간 원활하게 의사소통을 하고 부정을 방지하는 데 목적이 있다고 생각된다. 그러나 이러한 순환 보직 제도로 인한 부작용도 있다. 바로 직무 기술의 '정체성'과 '전문성의 부족'이다.

새로운 변화와 혁신적인 아이디어가 있어도 결과가 금방 나오지 않으면 담당자는 시도하기 어렵다. 그러므로 좋다는 것을 알면서도 실천하지 못한다. 더욱이 보직 발령이 전직 업무와 유사하거나 연결되는 곳이 아닌, 전혀 다른 업무라면 더욱 그럴 것이다.

과거 제군들의 취업 활성화를 위해 열린 취업 박람회에서 각 군부대 전직 지원 담당관들을 만나 군에서 시행할 수 있는 다양한 아이디어를 제안하였다. 모두들 절실히 공감은 하였지만, 오랜 시간이 지난 지금까지도 아무런 변화가 없다. 이유는 간단하다. 그때 당시 심도 있게 이야기를 나눈 전직 지원 정책 담당관들 모두가 보직 발령으로 직무를 옮겼기 때문이다. 이렇듯 많은 담당관들과 수많은 이야기를 하여도 그들이 보직을 옮기면 시도 한 번 해보지 못한 채 끝이 난다. 모든 것이 '리셋(reset)'되는 것이다.

힘들게 황무지를 개간하여 농사를 지어 놓았는데 결실도 보지 못하고 이사를 해야 한다면, 또 그 뒤에 이사 온 사람이 아무런 노력 없이 수확해 먹는다는 것을 알고 있다면, 어느 누가 황무지를 개간하려고 할까? 정작 힘들게 농사를 짓기 시작한 자신은 아무것도 얻는 게 없는 일을 말이다.

일반적으로 법과 규정에 따라 업무를 처리하는 직무는 특별한 경험과 지식보다는 그저 매뉴얼대로만 업무를 처리하면 되기에 순환 보직을 시켜도 큰 문제가 없다. 하지만 전직은 인생(業)을 재설계하는 아주 중요한 일이다. 그러므로 전직에 관한 상담과 지원은 전문성을 바탕으로 개개인에 맞춰 진행할 수 있는 전문가가 필요하다.

일자리는 시대와 환경에 맞춰 끊임없이 변하므로 이 일들을 업무 표준화 및 절차화하기가 어렵다. 그래서 전직 지원 담당자들은 장기 근무가 가능하여야 하고, 가능한 다양한 직무를 경험해 본 사람들로 구성 및 배치되어야 한다. 정책을 입안하고 실행하는 총괄 관리자도 전직 지원 정책 업무와 유사한 업무로 보직 이동을 시켜야 실무 담당자들이 혼란을 겪지 않는다는 사실을 인지하고 있어야 한다.

조직은 어쩔 수 없는 바람과 갈대이다. 갈대는 바람이 부는 쪽으로 쓰러진다. 국가 전직 정책 책임자들이 이러한 사실을 꼭 유념했으면 좋겠다. 전직을 지원하는 담당자들에게는 하나의 '업무'이지만, 지원을 받는 사람에게는 '인생'과 '삶'이 달린 중요한 일이기 때문이다.

대한민국의 전직 지원 상담을 하는 모든 담당자에게 묻고 싶다. 만일 자신이 실직하거나 퇴직하여 새롭게 구직 활동을 해야 한다면, 지금 근무하고 있는 상담소에 상담을 받기 위해 방문하겠는가? 또 자식, 부모님, 배우자에게 직접 직업 포트폴리오를 구성해주고, 안내해줄 수 있겠는가? 이 물음에 모든 상담사들의 입에서 "Of course!"라는 대답이 나왔으면 좋겠다.

❷ '카더라' 지원 중지

앞에서 언급한 군 관련 취업 정보가 나와는 무관한 것이라고 생각하는 제군들도 있을 것이다. 특히 50대 제군들은 전역 후 기수 또는 선배들과의 모임이나 만남을 통해 취업 정보를 입수한다. 그리고 "제대 후, 취업이 가장 잘되는 직종은 ○○○이라 카더라"라는 확인도 안 된 말만 믿고, 대부분의 제군들이 그와 유사한 직무를 알아보고 자격증을 준비한다. 그

중 가장 대표적인 것이 '경비지도사 자격증'과 '경비·보안 관련 업무'이다. 물론 경비·보안은 군 생활의 일상적인 업무이기도 하고 군인이라면 누구나 할 수 있는 업무이기에 자신감도 넘칠 것이다. 또 '신임 경비 교육'을 이수하지 않아도 되므로 선발과 동시에 즉시 업무에 투입할 수 있어 기업에서도 선호한다. 그러나 경비·보안 업무는 경찰 출신들도 많이 지원하며, 경력이 필요 없다. 이 분야에서 오래 근무하였다고 경력을 인정해주지 않는 것이다. 이처럼 경비·보안직은 특별한 자격이나 기술적 노하우를 요구하는 업종이 아니기 때문에 기업에서는 가능한 젊은 사람을 원한다.

'경비지도사', 한때 매력 있는 직무였다. 하지만 지금은 아니다. 현재 경비지도사가 받았던 '경비 보수 교육'이 온라인으로 이동되고 있다. 집합교육이 어려워진 언택트(untact) 시대[1]에 맞춰 온라인 교육으로 변경되는 것이다. 앞으로 이런 집합 교육들은 모두 온라인으로 바뀔 것이다. 이러한 흐름은 패션(Fashion) – '일시적인 유행'이 아니라 트렌드(Trend) – '시대적 흐름에 따른 변화'이다. 그러므로 제군들 역시 트렌드에 맞춰 기업에서 원하는 자격증을 취득하여야 한다. 필요 없는 자격증 준비에 귀중한 시간을 투자하면 안 된다는 것이다. 또 현장에서 일할 때 필요한 자격증은 실무 경험이 없으면 아무런 소용이 없다. 예를 들어, 지게차나 버스 운전 자격증을 취득한 후, 면접을 보러 가면 반드시 현장 테스트를 진행한다. 이는 실제로 장비를 다룰 줄 알아야 한다는 것을 의미한다. 또 장비를 어설프게 사용해서도 안 된다.

따라서 군 복무 시절 담당하였던 보직과 연관 있는 자격증을 준비하

---

1) 코로나19의 영향을 받아 파생된 단어로, 부정을 의미하는 'Un'과 접촉을 의미하는 'Contact'가 만나 생긴 신조어이다. 접촉 없는 비대면 시대를 뜻한다.

는 것이 가장 좋다. 인사 담당관이었으면 1년을 준비하든, 2년을 준비하든 반드시 '노무사 자격증'을 취득해서 제대하자. 취업으로 인해 받는 스트레스가 현저히 줄어들 것이다. 그러나 아직까지 무엇을 해야 하는지, 또 어떤 식으로 취업 준비를 해야 하는지 등 명확하게 목표를 설정하지 못한 제군들도 있을 것이다. 그래서 이 책을 집필하였다. 읽다 보면 어떻게 해야 하는지 감이 잡힐 것이다.

◉ 군 경력증명서

이번 항목은 전직 지원 교육과는 무관한 내용이지만, 군에서 개선되었으면 하는 내용이기에 이어서 적어보았다.

기업에서 경력증명서는 제출용도이며, 참고용 자료로 사용된다. 기업에 따라 활용도에는 약간씩의 차이가 있지만, 대부분 이 범주에 들어간다.

① 경력 일치 유무   ② 채용 선발 시, 가점 부여
③ 입사 시, 직급 및 연봉 결정   ④ 인사 배치 시, 참고 자료

입사지원서에 경력증명서를 첨부하기 위하여 군 경력증명서[2]를 발행해 보고 깜짝 놀랐다. 그동안 보직 배정 받았던 모든 것들이 일주일 단위로 너무나도 상세하게, 또 세분화되어 기록되어 있었기 때문이다.

기업에 제출하는 군 경력증명서는 직무별로 묶어서 처음 날짜와 마지막 날짜만 기록하면 된다. 앞에서 언급한 것처럼 근무처까지 상세하게 기재할 필요는 없다. 증명서 내역의 첫 번째 열에 직무들이 나오고, 두 번째 열에 근무 기간만 나오면 된다.

---

2) 당시 경력증명서를 발급받은 군종은 해군이다(공군과 육군은 보지 못해서 군종을 밝힌다).

예를 들어, ○○참모장[○○○○년 1월 1일~○○○○년 12월 31일(12개월)]/○○ 사령관[○○○○년 3월 1일~○○○○년 6월 30일(3개월)]이면 아래와 같이 작성하면 된다.

군 경력증명서

	군번	계급	
인적사항	80-○○○○○	대장	
	성명	**생년월일**	
	홍길동	1963년 ○월 ○○일	
복무사항	**입관일자**	**전역(예정)일자**	
	1983년 ○월 ○일	2021년 ○월 ○일	
	복무개월	**최종 근무부대**	
	36개월	해군 본부	
근무경력	**직무**	**근무기간**	
	○○참모장	○○○○년 1월 1일~○○○○년 12월 31일(12개월)	
	○○사령관	○○○○년 3월 1일~○○○○년 6월 30일(3개월)	

내용을 너무 세부적으로 작성하여 발행하면 제군들에게 불리하다. 상세한 기재로 경력 기간에서 제외되면 손해이지 않은가? 과장으로 입사할 수 있었는데 주임으로 내려가는 일이 생길 수도 있다. 특히 장비를 다루는 직무는 실무 경력이 있어야 입사가 된다. 당연히 군 경력도 인정해준다 [실제 사례: 영점사격_수송병과 출신 취업(p.25)].

많은 제대 예정 군인들이 군에서 만든 전직 지원 시스템을 100% 이용하지 못하는 데에는 앞에서 언급한 다섯 가지가 가장 큰 이유일 것이다. 물론 당장은 어찌할 수 없겠지만, 보다 나은 전직 지원을 위해선 변화가 필요한 것만은 확실하다.

따라서 '차려놓은 밥상을 왜 안 먹느냐'고 할 것이 아니라 못 먹는 건지, 안 먹는 건지를 제대 군인들의 눈높이에서 생각하고 개선하였으면 좋겠다. 그리고 제군들 역시 제2의 인생을 준비하면서 같은 제대 예정 군인에게 조언이나 상담을 받으려고 하지 말고 스스로 전문가를 찾아가서 상담을 받으려고 노력해야 한다. 주식 투자를 잘하고 싶으면 주식을 가장 많이 하는 사람을 찾아가야 하지 않겠는가? 한 번도 해보지 않고 이론만 가지고 있는 친구에게 조언을 구했다가는 많은 돈을 잃게 될 수도 있다. 이론과 실제에는 엄연한 차이가 존재하기 때문이다.

영점사격

수송병과 출신 취업

수송병과에서 30년 장기 복무하고 전역한 부사관 출신의 제군이 취업 상담을 위해 사무실에 찾아온 적이 있었다. 취업 상담 결과, 출퇴근 통근 버스 및 사륜구동 트럭을 운전해 본 경력이 있었고, 본인도 대형 버스 운전에는 자신이 있다고 말하였다.

곧바로 제군의 이력서를 들고 운송회사에 찾아갔다. 인사부장을 만나 제군의 간단한 소개와 군 경력에 대해 설명하며, 전역 전 군에서 통근 버스를 운전하였고, 철저한 준법정신과 기본 차량정비교육 및 긴급상황 대처능력 교육도 철저히 받았으니 면접 기회를 달라고 추천하였다.

그렇게 당일 면접을 봤고, 리무진 버스 실기 테스트도 통과하였다. 입사가 거의 확정되었기에 인사부장에게 제군의 수송 경력 30년을 인정하여 급여 호봉에 반영해 달라고 부탁하였다. 인사부장은 경영진에게 건의해 보겠다며, 군 경력증명서를 달라고 하였다.

며칠 뒤, 제군의 군 경력증명서를 발행하여 다시 운송회사를 찾아갔다. 발행한 증명서에는 통근 버스 운전 경력이 근무 기관별, 일자별로 너무나 상세하게 나누어져 기록되어 있었다. 근무 기간을 합산해 보니 2년 정도였고, 나머지 수송 관련 군 경력은 버스 운전과는 무관한 중대형 차량 운전 및 배차 관리, 차량 부품자재 관리 등이었다. 이 회사의 입사 지원 경력은 버스운전 3년 이상이었다. 너무나도 상세하게 나온 경력 내용이 사족을 단 것이다. 다행히 입사는 하였지만, 경력은 인정받지 못하였다.

어렵게 입사한 제군은 현재 입사 3년차로 아직까지도 성실하게 근무하고 있다. 당연히 급여도 올랐고, 이제 회사에서도 인정하는 모범 직원이 되었다. 군 수송병과 출신들의 운전 기술 하나는 타의 추종을 불허한다는 것을 회사 직원들 모두가 인정하고 있다고 한다.

영점사격
군인에 대한 생각

대기업 인사 담당자들을 만나는 날이었다. 과거, 장교를 우대하여 공채하던 때를 거론하며, 인사 담당자들에게 "장교 출신들은 가산점이 없나요?"라고 물어봤다. 그 질문과 동시에 그들은 나를 이상하다는 듯이 쳐다봤다. 시대가 변한 것이다. 기업은 제군이 회사 발전을 위해 무엇을 할 수 있느냐가 궁금한 것이지, 군에서 얼마나 높은 자리에 있었는지, 또 얼마나 많은 업적을 세웠는지에는 관심이 없다. 오히려 현장 실무자로 부사관을 더 많이 요청한다. 장교는 업무 지시만하고 현장일은 안 해봐서 모른다는 선입견을 가지고 있는 것이다. 이게 실제 현주소이다.

직업 상담 = 인생 상담

직업 상담이란 단순히 취업 알선만 해주는 것이 아니다. 개인의 역량과 성격, 취미 등 심리적인 부분까지 고려하여 인생의 포트폴리오를 짜고, 거기에 맞는 직업군과 직무를 컨설팅해 주어야 한다. 군대에서는 하기 싫은 일이라도 시키면 억지로 해야 하지만, 사회에서 하기 싫은 일을 억지로 하는 것은 사약을 마시는 것과 같다.

많은 제군들과 상담을 해 본 결과, 20대 제군들은 기업 브랜드 네임 또는 워라벨(Work-Life balance)이 가능한 공기업을 원하였으며, 30~40대 제군들은 연봉이 높은 회사를, 또 50대 이상 제군들은 돈보다는 주5일 주간 근무가 가능한 경비·보안직 자리를 원하였다. 종종 찾아오는 60대 이후 제군들에게는 일반 기업보다는 공공기관에서 운영하는 사회적 일자리를 안내해 주고 있다(우리나라 기업 정년이 만 60세이기 때문에). 참고로 코로나 이후 제조업의 생산량 감축으로 현장 근로자의 실직이 빈번해지면서 과거 50~60대의 영역이었던 경비직도 40대가 지원하고 있다. 모 회사 정문 경비원 1명 모집에 10명이 지원하였는데, 그중 40대가 3명이었다. 면

27

접관도 지원 서류를 보고 놀랐다고 하였다. 이게 바로 1년 전의 일이다.

'연봉'이란 내가 그 회사에 가서 받는 급여의 7배를 벌어 주어야 하는 것이라는 말이 있다. 그렇다면 내가 그 정도 일을 할 수 있다는 것을 증빙해야 하는데, 그것이 바로 '경력'이고 '자격증'이다. 전 세계 어디에도 공짜로 돈을 주는 기업은 없다. 또 기업에서는 일을 잘하는 사람과 못하는 사람을 골라낸다. 다른 사람들에게 묻어가는 월급쟁이 같은 것은 없는 것이다. 흰머리가 희끗희끗 난 중년 신사가 새벽 다섯시 반, 어학 학원에 왜 등록을 하겠는가?

그럼 나는
무엇을 준비해야 되나?

자, 그럼 전직을 하려면 무엇을 준비해야 할까?

다음의 세 가지 방법이 있다. 첫 번째는 앞에서 계속 언급하였던 '군 병과와 연관된 자격증 준비하기', 두 번째는 '복무 중 직무 경력 만들기', 마지막 세 번째는 '사업 아이템 찾기'이다.

1. 군 병과와 연관된 자격증 준비하기

제군들은 기업이 무엇을 하는 곳이라고 생각하는가? 일자리 창출을 통한 복지 사회 구현? 경제 활동의 중심? 경제 이데올로기? 전부 맞는 말이지만, 기업이 존재하는 궁극적 이유는 돈을 버는 것이다. 즉, 회사를 설립한 사장이 이윤을 창출하기 위해 만든 집합체인 것이다.

돈에도 여러 종류가 있다. 주머니에 들어오는 돈을 '수입', 나가는 돈을 '지출', 그리고 이 두 가지의 비용을 뺀 차액을 '이익'이라고 한다. 그렇다면 사장님들은 어떤 돈을 가장 좋아하고 싫어할까? 깊게 생각하지 않아도 모든 사장님들은 이익이라는 돈을 가장 좋아할 것이며, 지출이라는 돈을 가장 싫어할 것이다. 여기서 이런 초등학생들도 아는 이론을 말하는 이유는 바로 이 지출에 '인건비'가 포함되어 있기 때문이다. 제군들이 회사에 입사하여 일을 하게 된다면, 정당한 노동의 대가로 월급을 받게 되어 있다. 이때 회사의 입장에서는 제군들에게 지급되는 월급이 바로 '고정 지출'이 된다. 그렇다면 사장님들은 이 지출이란 돈을 마냥 싫어하기만 할까? 아니다. 만약 새로 입사한 직원이 월급의 7배 정도 달하는 수입을 벌어들인다면, 그 직원에게 주는 월급은 전혀 아깝지 않은 지출이 될 것이다.

신입 사원의 경우 입사 후 일을 배워야하므로 수익을 내지 못하며, 일을 알려주는 동시에 월급이라는 고정 지출이 발생한다. 그러므로 대부분의 회사에서는 신입 사원보다 회사에 들어와 바로 이윤 창출에 기여할 수 있는 '경력자'를 선호한다. 또 우리나라는 아직까지 장유유서 문화가 남아 있어 나이 많은 사람을 신입 사원으로 선발하려는 회사가 많지 않다. 따라서 제군들이 회사에 들어가려면 입사와 동시에 이윤 창출에 기여할 수 있는 경력자로 들어가야 한다. 그러기 위해서 경력이 필요한 것이며, 현재 제군들이 하고 있거나 해 왔던 군 보직과 연관된 기업 직무를 찾아야 하는 것이다. 또한 보직과 관련된 자격증은 전역 전에 미리 취득하여야 한다. 만약 복무 기간이 짧아서 직보 기간을 많이 받지 못한다면, 전역 전에 미리 학원에 다녀 취득하는 것이 좋다.

장기 근속 군인 대부분은 전역하지 않고 진급을 위해 군에서 요구하는 자격 시험에 전력을 다할 것이다. 하지만 대한민국 남자라면, 또 군인이라면 누구나 마주하게 되는 게 전역이다. 그것이 지금이냐 몇 년 뒤냐 그 차이일 뿐, 전역 날은 반드시 오게 되어 있다.

진급을 하면 얼마나 더 복무할 수 있을까? 많은 제군들이 진급에 성공하면 복무 기간의 연장과 함께 연금이 조금 더 나오기 때문에 진급 시험에 올인하여야 한다고 말한다. 틀린 말은 아니다. 그러나 진급에 성공하여 60세까지 복무하고 전역한다면, 그때는 사회에 나와서 새로운 직업을 구하는 게 쉽겠는가? 기업도 만 60세가 정년이다. 이왕 퇴직을 해야 한다면 한 살이라도 젊었을 때 준비하고 나와야 하는 것이다.

동기들은 진급하여 전역이라는 발등에 붙은 불을 껐는데, 진급에 누락되어 어쩔 수 없이 전역하여 절망스러운가? 절대로 아니다. 오히려 제군에게는 전직을 준비할 수 있는 시간과 기회가 더욱 많아진 것이다. 물론 당장은 남보다 실패한 인생인 것처럼 느껴질 수도 있다. 그러나 나중에는 진급에 성공하여 군대에 남아 있던 동기들이 제군을 부러워할 것이며, 전직이라는 발등에 붙은 불을 끄기 위해 반드시 제군을 찾아올 것이다. 따라서 정년까지 군대에서 복무하지 못한다면 직보 기간까지 기다리지 말고 미리 전직 준비를 시작하자. 미래는 준비하는 자에게 기회를 준다.

그럼, 다시 자격증 취득에 관한 이야기를 이어가겠다.

예를 들어, 군 복무 시절 '전기'를 담당하였으면 '전기산업기사' 이상의 자격증을 가지고 전역하여야 한다. 일정한 전력이 투입되는 건축물에는 '전기산업기사 이상의 자격증을 보유하고 있는 사람을 두어야 한다'는 법적 규정[3]이 있다. 따라서 전기산업기사 이상의 자격증을 가지고 전역하게 된다면, 이러한 곳에 쉽게 취업할 수가 있다. 또 자격증+군 경력이 인정

---

3) 전기사업법 시행규칙 [별표 12]

되어 취업 시 신입 호봉이 아닌, 경력 호봉을 받고 입사할 수 있으며, 경력에 따라 간부급으로도 입사가 가능해진다.

그러나 군 경력이 건물 시설의 전기 부분이 아닌, 장비 부분의 전기일 경우에는 경력을 인정받지 못할 수도 있다. 하지만 아무 경력이 없는 신입 입사 경쟁자들보다는 입사할 가능성이 높다. 그리고 기능사 자격증으로 군에 입대하여 관련 업무를 수행하였다면, 그 기간을 고스란히 경력으로 인정받아 상위 자격증에 응시할 수 있는 자격이 주어진다. 예를 들어, 전기기능사 자격을 가지고 입대하여 10년 동안 전기 관련 보직을 맡았다면, 기능장 자격 시험을 볼 수 있는 응시 자격이 주어지는 것이다. 기능장 자격증은 기술자 자격증 중에서도 최고의 자격증이다. 이러한 이유 등으로 가능한 본인의 병과와 연관된 자격증을 준비하고, 연관된 직무를 찾으라고 권하는 것이다.

다음은 현업 근무 중, 실제 있었던 사례이다.

사례 ① 전기기능사 제군

해군 부사관 출신의 제군이 전역 후 취업 상담을 위해 찾아왔다. 이런저런 이야기를 하며 상담을 진행하다 보니, 전기 계통 직무에서 10년 넘게 근무하였던 것을 알 수 있었다. 곧바로 이 제군에게 5성급 호텔의 전기시설 과장 자리를 추천하였다.

결론부터 말하면, 이 제군은 서류 심사에서 떨어졌다. 5성급 호텔의 경우 전기산업기사 이상의 자격증을 보유한 자가 있어야 하는데, 이 제군은 전기기능사 자격증을 가지고 있었던 것이다. 대부분의 기능사 자격증은 공고를 졸업한 학생들도 많이 도전하고 취득하는 자격증이다. 또 일선 현장에서 직접 시설 설치 및 수리 보수 업무를 하는 실무자들은 전부 기능사 자격증을 가지고 있는 사람들이다. 그렇다면 기업에서는 20살의 젊은 청년과 40대의 중년 중, 누구를 더 선호하고 채용하고 싶어 하겠는가? 이 제군에게는 전기기능장 시험에 도전하라고 권하였다. 기능장 시험 조건은 실무 경력이 많아야 응시가 가능한데, 10년간의 군 생활 중, 전기 관련 업무 경력에 관한 서류를 제출하니 시험을 볼 수 있는 자격이 충분하였다. 기능장 자격증을 취득하면 평생 연금 보험을 받는 거나 마찬가지이다. 제군들도 한국산업인력공단 홈페이지(www.hrdkorea.or.kr)에 방문해서 지역 담당자를 찾아 상담을 받아 보자.

사례 ② 수송병과 출신 제군

수송병과 출신으로 오랜 군 생활을 마치고 전역한 제군과 상담을 진행한 적이 있었다. 이 제군의 경우 처음부터 본인의 경력과는 너무나도 무관한 경비·보안 업무 자리를 원하고 있었다. 제군에게 그 직종에 취업하려는 이유를 물으니, 먼저 전역한 선배들이 가장 빠르고 쉽게 취업할 수 있는 업무가 경비·보안직이라고 말하였다며, 현재 자신도 경비지도사 자격증을 취득하기 위해 공부를 하고 있다고 대답하였다.

그러나 이 제군은 수송병과에서 오랜기간 근무하였고, 전역 전 통근 버스를 운행한 경력도 있었기 때문에 운수업과 관련 있는 직업을 권하였다. 처음에는 30년간 수송병과에서 근무하여 운전은 이제 신물 난다고 했던 제군이, 입사 1년 만에 회사 모범사원 표창까지 받으며, 아직까지도 근무하고 있다. 현재 이 제군은 연금+월 300만 원 정도의 보수를 받고 있다.

사례 ③ 취업 전략

이건 조금 다른 이야기인데 공군 대위 출신의 30대 초반 제군과 상담을 진행한 적이 있었다. 자신의 꿈은 항공 분야 연구원이 되는 것이라고 밝힌 이 제군은 항공 연구원 모집에 1년 동안 응시하였지만, 매번 탈락하여 결국 제대군인지원센터에 찾아오게 된 것이다. 대학교 학과도 항공 분야이고 공군 대위로 전역하여 당연히 취업 걱정은 없을 줄 알았다고 말하였다. 이후 여러 가지 이야기를 나누었고, 항공 회사에 취업하여 최고의 항공기를 만들어 보고 싶다는 제군의 꿈은 확고하였기에 항공연구소 부문에 지원 방법을 바꾸어 준비해 보자고 제안하였다. 먼저 항공연구소가 있는 회사의 생산 부문(대부분 제조회사 생산직은 수시모집을 한다)에 지원한 뒤, 나중에 연구소 자리가 나면 부서를 옮기는 방법을 제안한 것이다. 그렇게 모의 면접을 준비하면서 이 제군의 이력서를 가지고 경남 사천에 있는 항공 부품 제조회사의 인사부장을 만나 채용 추천을 하였다. 그 결과 생산 관리 분야에 입사하였고, 1년 후 자신이 원하였던 연구소로 부서를 옮겼다. 운 좋게 사업이 확장되어 신축 사업장 연구소에 주임으로 승진하는 행운도 뒤따랐다. 아니, 행운이라기보다 제군의 근면 성실함이 행운을 가지고 온 것이다.

이처럼 군 복무 시절 담당하였던 업무와 연관된 기업 직무를 찾아 취업한다면, 입사 후 빠른 업무 습득은 물론, 군 생활에서 익혔던 기술이나 관리 시스템으로 기업의 업무 개선이나 자주 발생하는 문제를 해결하여 회사 발전에 기여할 수 있게 될 것이다. 또 성과에 따라 주어지는 보상과 승진은 삶에 대한 보람과 군대에서 복무한 기간에 대한 감사함을 느끼게 해줄 것이다.

이런 성실한 제군이 근무하는 기업에서는 직원이 필요할 때면 계속해서 제군들을 찾을 것이고, 후배들에게 길을 열어주는 전설의 선배로 남을 것이다.

그러나 군 병과와 연관된 기업 직무를 찾기 어려운 경우도 있다. 바로 '특수'가 붙는 병과나 군에서만 필요로 하는 보직이다. 이러한 보직을 맡았던 제군들은 전망 있는 기업, 직무, 직종을 찾아 전직 준비를 해야 할 것이다. 이와 관련된 이야기는 'I부-Chapter 2'에서 상세하게 다루도록 하겠다.

2. 복무 중 직무 경력 만들기

군 병과 중 일반 민간 기업으로부터 물건을 납품받아 관리하는 보직이 있다. 이 보직은 납품받은 물건의 수량을 검수하고, 성능 및 품질을 검사한다. 또 민간 기업으로부터 납품받은 제품들이 납품 시방서에 미치지 못하면, 매뉴얼대로 반품이나 납품 중지 등의 조치를 취하기도 한다. 이처럼 납품을 받는 '갑'의 입장에서 해야 할 업무만 처리하는 것이다. 하지만 이것을 제군들의 '경력'으로 만들어 보면 어떨까?

먼저 기업에서 오더(Order)를 받는 제품이 어떤 프로세스를 통하여 최종 제품으로 생산 및 납품되는지를 알아보자.

기업은 납품하는 물건에 문제가 발생하면 그 원인을 분석하고, 고객의 요구 조건에 맞춰 긴급 조치에 들어간다. 이후 원가 분석 등을 통하여 손익점을 계산하고, 납품 사업 유지 여부를 결정하는데, 이러한 과정들을 '갑'의 입장이 아닌 납품하는 기업의 입장에서 파악해 보는 것이다. 불량이 생겼으면 어디에서 생겼는지(생산 불량? 자재 불량? 유통 불량?), 이 상황에서 기업은 어떤 식으로 대응하고 있는지, 손실은 얼마나 되는지 등을 말이다. 이때 기업의 납품 책임자나 대표에게 현장일을 배우고 싶다고 하면, 흔쾌히 가르쳐 줄 것이다.

이러한 과정들을 세부적으로 알고 나면 방산 업체의 업무가 손에 잡힐 것이다. 만약 제군들의 납품처가 불량이 많거나 납기 지연 등으로 골치 아프게 한다면, 그것은 정말 좋은 경험이 될 것이다.

이렇게 갑의 입장이 아닌, 기업의 입장으로 제군들의 경력을 쌓아 간다면 방산 업체 지원 시, 다른 경력자보다 우위점을 가지고 지원할 수 있게 된다. 또 납품 과정에서 일어난 문제들을 어떤 식으로 처리하였는지, 그 결과 어떤 성과를 내었는지 등을 자기소개서에 작성한다면, 기업은 문제 해결 능력이 좋은 제군을 불황에도 모셔가려고 할 것이다. 일반인들은 갑의 입장에서 일해 본 경험이 없지만, 제군은 갑의 입장에서 일해 본 경험도 있고 을의 상황도 충분히 파악하고 있기 때문이다. 이처럼 민간 기업과 연관된 보직을 담당하는 제군이라면 기업에서는 어떤 식으로 업무가 이루어지고 있는지를 파악하여 배우고 익히기를 바란다. 입사 지원 시 일반인들보다는 확실하게 앞선 곳에서 출발할 수 있게 될 것이다.

끝으로 이 과정에서 비리가 생기면 안 된다. 납품 기업에서 제군에게 많은 도움을 주었다고 해서 불량이나 납품 프로세서에 오류가 발생하였는데도 대충 눈감아 주는 일은 없어야 한다는 것이다. 기업 대표들은 자신이 맡은 직무에 정직하고 성실하게 일하는 직원을 고용하고 싶어 한다.

부대 내에서도 납품 업체에 대해 평가를 하겠지만, 납품 업체에서도 제군을 평가하고 있다. 따라서 이런 상황이 발생한다면, 전역 후 그 기업에는 입사하기가 힘들어질 것이다. 도움을 주고 싶다면, 제군이 조금 더 고생을 해서 부대와 업체가 모두 Win-Win 할 수 있는 방법을 찾아야 한다. 절대로 제군의 개인적인 이익을 위해 업무를 처리해서는 안 된다.

3. 사업 아이템 찾기

일상생활 속에서 겪는 불편한 것들을 찾아 해소해 주면 돈이 된다. 현 '한경희 생활과학'의 대표 이사인 '한경희' 대표는 평범한 주부가 살림을 하며 겪는 여러 가지 불편함으로부터 아이디어를 얻어 생활 가전제품 사업을 시작하였다. 그녀가 느낀 불편함은 모든 주부가 느꼈던 불편함이었기 때문에 사업은 대박이 났고, 지금 그녀는 평범한 가정주부에서 잘나가는 CEO로 변신하여 본인의 이름을 붙인 생활 가전제품을 다양하게 출시하고 있다.

제군들 역시 군 생활 또는 작전 수행 시 불편하였거나 귀찮았던 것들이 한 가지씩은 있었을 것이다. 그게 장비나 무기에서 느낀 불편함일 수도, 아니면 다른 일상적인 것들에서 느낀 불편함일 수도 있다. 이처럼 당시 제군들이 느꼈던 불편한 점들을 편리하게 또는 효율적으로 바꿔 줄수 있는 아이디어가 있다면, 사업 아이템으로 만들어 보는 것도 좋다.

과거, 방위 산업품 전시회에서 멋진 제군 CEO를 만났다. 그 제군이 선보인 아이템은 감시 카메라의 '높이 조절 장치'였는데, 군 복무 시절 고소 망대에 설치된 감시 카메라의 위치를 이동시킬 때마다 오르락내리락하는 불편함에서 아이디어를 얻었다고 하였다. 그 기계의 메커니즘은 너무나도 심플하였다. 훈련이나 전투 중, 또는 악천후가 발생하여 카메라의 높이 조절이 필요한 상황에서 사람이 직접 올라가서 조절하지 않고, 상황실에서 원격으로 조절할 수 있게 제작되어 있었다. 또 신속·정확하고 안전한 장비 조작으로 감시의 효율성까지 높였다. 이 제품은 현재 해병대, 해군 등 감시 카메라 설치를 필요로 하는 각 군부대에 납품 중이며, 더욱 응용해서 이동식 높이 조절 장치에 카메라 대신 조명 등을 설치하여 다방면에서 활용할 수 있도록 개발하고 있다.

또 다른 전시 부스에는 탄창에 탄환을 넣고 뺄 때, 일정한 힘으로 삽입 및 탈착이 가능하게 하여 격발 시 불발탄이 생기지 않게 하는 장비가 있었다. 실전에서 탄환이 약실에 들어가 발사되지 않으면 큰일이기에,

이는 불편함을 개선하는 것 이상의 좋은 아이디어라는 생각이 들었다.

군 생활을 경험해 본 사람들만이 아는 불편함에는 많은 것들이 있다. 이러한 불편함에 아이디어를 얹어 사업 아이템으로 만들어 보는 것은 어떨까? 참고로 아이디어를 상품화할 때까지 다양한 지원을 해주는 정부 지원 정책도 있다. 아이디어의 사업성을 평가하여 좋은 점수가 나오면 자금 및 연구사무실 등을 지원해 주니, 인터넷에 '창업 지원'이라고 검색해 보자. 많은 정보를 얻을 수 있을 것이다.

지피지기(知彼知己) :
직장은 학교가 아니다

기업의 궁극적 목표는 이익 창출, 즉 돈을 버는 것이다. 많은 돈을 벌기 위해 일을 하다 보니 일이 많아지고, 일의 전문성을 가지기 위해 분업화가 되어 부서가 생겨났으며, 부서가 생기다 보니 조직이 만들어지게 된 것이다. 또 모든 조직은 한 가지 목표를 설정하여 서로 협동하는데, 그것이 바로 '최대 이윤 창출'이다. 기업은 이 목표에 걸림돌이 되는 부서는 없애 버린다. 속된 말로 사장님 주머니에 많은 돈을 벌어다 주는 사람이 최고의 사랑을 받는 것이다. 이것이 기업에서 말하는 실력이고, 조직 구성원들이 제군을 평가하는 기준이 되는 것이다. 너무 속물 같은가? 하지만 어쩔 수 없는 현실이다.

기업이란 줄타기로 진급하는 곳이 아니다. 자신의 실력을 바탕으로 기업에 얼마만큼 기여하였는지를 평가하여 진급한다. 또 직장은 돈을 받고 일하는 곳이다. '아마추어'는 돈을 주고 일을 배우지만, '프로'는 돈을 받고 일을 해준다. 다시 말해 돈을 받는다는 건 프로라는 것이다.

직장은 학교가 아니다. 모르는 게 있다면 직접 찾아보면서 배우고 익혀야 한다. 가만히 있으면 아무도 가르쳐 주지 않는다. 일반적으로 신입 사원의 경우 6개월에서 1년 동안은 실수를 하거나, 모른다고 하여도 그냥 넘어간다. 하지만 이후에도 똑같은 실수나 변명을 한다면, 업무 역량 뿐만이 아니라 일에 대한 열정도 함께 저울대에 올라간다. 진급을 하고 사람들에게 인정받는 것은 업무 역량으로 인한 평가이지, 제군을 좋아하는 사람들의 숫자가 아니기 때문이다.

군대는 새로운 것이 생기거나 새로운 구성원이 들어오면, 체계적인 보고와 교육 시스템으로 기본 교육을 시켜준다. 또 일을 배울 때 참고할 수 있는 책도 지원해 주고, 월급 역시 잘 나오며, 식사도 챙겨준다. 하지만 직장은 다르다. 직장은 'OJT(On the Job Training)'라고 하여 일을 하면서 업무를 배운다. 회사마다 조금씩 다르지만, 보통 신입 사원이 들어오면 대리급 사원들이 OJT를 담당한다. 이때 다행히 덕(德)이 있는 선배 사원을 만나게 된다면 하나하나 배워 나갈 수 있지만, 대부분의 사람들은 신입 OJT 교육을 맡지 않으려고 한다. 신입 사원에 대한 책임도 뒤따르고, 10분이면 끝낼 일을 오랜 시간 붙잡고 있어야 하기 때문이다. 또 선배 사원들은 자신들의 업무 처리만으로도 충분히 바쁘다. 그렇기 때문에 가장 기본적인 보고서 작성 방법조차 가르쳐주지 않은 채, 신입 사원에게도 이것저것 일을 시킨다. 눈치 빠른 신입 사원들은 이때 공용 문서함에 가서 다른 사람들은 어떻게 썼는지 보고, 문구나 형식을 스스로 익히며 업무를 수행한다. 이렇듯 OJT에서 배운다는 것은 'SD(Self Development)'로 스스로 익히고 알아내야 한다는 뜻이기도 하다.

군대에서는 일이 많으면 스트레스를 받는다. 많이 한 사람이나 적게 한 사람 모두, 군 생활을 하는 데 큰 차이를 주는 '페널티(Penalty)'가 없기 때문이다.

하지만 회사에서는 상사가 많은 업무를 지시하거나 시키는 것은 좋은 뜻이다. 많은 일을 시킨다는 것은 그 사람에 대한 믿음이 있다는 것이고, 업무에 대한 역량을 빨리 키울 수 있는 기회이며, 그만큼 진급의 기회도 빨라지게 된다는 것을 의미한다. 또 상사가 편하게 대하는 건 신뢰와 친근감을 느꼈기 때문이고, 그로 인한 인사 평가는 좋아질 것이며, 회사 생활을 하는 데 많은 바람막이가 되어줄 것이다.

반대로 회사가 새로운 일을 맡기지 않는다는 것은 업무 역량이 부족하여 신뢰를 하지 않는다는 것을 의미하고, 일을 맡기는 게 불안하다는 것을 의미한다. 또 상사가 어느날부터 갑자기 존댓말을 쓰는 것은 관계가 편하지 않다라는 것을 의미하며, 그렇게 상사와의 원활한 관계를 유지하지 못한 이런 직원은 회사가 어려울 때 정리 해고 대상 1순위가 될 것이다. 회사는 능력이 부족하다고 판단된 사람, 불평불만이 많은 사람에게는 일을 시키지 않는다. 곧 내보 낼 사람에게 무슨 일을 맡기겠는가?

이처럼 회사에서 A~Z까지 모두 가르쳐 줄 것이라는 생각으로 시키면 하고 시키지 않으면 안하는 사고방식을 가져서는 안 된다. 눈치껏 일하는 것이 아니라 눈치, 코치 등 모든 감각을 동원하여 하나를 가르쳐 주면, 둘 셋을 알아 듣고 배워야 한다. 또 혼자서 할 수 없는 것들은 어린 동료 직원에게라도 가르쳐 달라고 물어 가면서 배워야 한다. 그리고 친절하게 알려준 동료에게 커피 한 잔 건네주며 감사하다는 말을 꼭 하자. 그러다 보면 소통이 무엇인지, 왜 중요한지를 깨닫게 될 것이다.

41

또한 선배들의 노하우를 많이 배우려면 본인의 입을 닫아야 한다. 아무리 군대에서 장군으로 있었더라도 가르치려 하지 말고, 하고 싶은 말이 있어도 하지 않는 것이 좋다. 출근하기 전, 자신의 그릇을 비우고 빈 그릇을 들고 가야 하며, 퇴근하고 집에 와서는 그릇에 담긴 것들을 다른 그릇으로 옮겨 항상 빈 그릇을 유지해야 한다. 당신의 그릇이 빈 것을 보면 많은 사람들이 이것저것 채워주려고 할 것이다. 그 빈 그릇은 바로 '겸손'이다.

기업에서 가장 원하는 사람은 일을 잘하는 사람이다. 그 다음이 교류이고 화합이다. 따라서 일을 잘하는 사람이 조직원들과 화합, 소통마저 잘할 때 인정받는 것이다. 그렇기에 배우는 것을 게을리하여서는 안 되며, 일로 성과를 내는 것을 최우선의 목표로 정해야 한다. 그렇다고 선배들이 이루어 놓은 것을 그대로 따라해서는 안 된다. 거기에 창의력과 열정을 더하여 한 단계 더 끌어 올려야 한다. 이것이 나중에 업무 역량의 크기가 되는 것이다. 따라서 취업 후에도 끊임없이 배우고 익혀서 이론과 실무 역량을 키워야 한다. 이론 역량은 업무적 소통을 위해서 배워야 하고, 실무 역량은 일을 잘하기 위해서 배워야 한다.

회사는 사교 단체가 아니다. 여기에 너무 많은 에너지를 소비하지 말자. 그리고 선(先) 역량, 후(後) 친교를 꼭 기억하자!

직장이란, 새 인생과 또 다른 가족과의 만남이다.
가족 간에는 서로 보살펴주어야 한다.

아들아! 살다 보면 나와 의견이 맞는 사람도 있고, 맞지 않는 사람도 만나게 되어
있다. 하지만 한 가지 공통적인 것은 모든 사람들은 인정받고 싶어 하고 행복해
하고 싶어 한다는 것이란다.

딸아! 일을 하다가 의견 충돌이 생겼다면, 그건 일에 대해 나와 또 다른 의견일
뿐이다. 일은 일로서 끝내야 한다. 일에 사적인 감정까지 연결시키는 것은 어리석
은 사람이다. 가족은 시기와 질투의 대상이 아니라 희로애락(喜怒哀樂)을 나누
는 사이가 되어야 한다. 네가 싫어하는 저 사람도 누군가에겐 소중한 남편이고
아내이며, 아버지이자 어머니, 그리고 아들이자 딸이다. 관점과 시각의 차이일 뿐
모두 소중한 동료인 것이다.

출근길이 항상 막히는 이유는 모두가 평범한 사람이기 때문이다. 너도 그리고
다른 누구도 결코 비범한 사람은 아니다. 네가 먼저 공감과 배려를 생활화한다
면, 우정이 너를 끌어안을 것이다.

아들아! 어떠한 경우라도 동료의 뒷담은 하지 마라. 너도 실수할 때가 있다.
딸아! 어떠한 경우라도 편 나누기 하지 마라. 너도 누군가의 적이 된다.

다른 사람보다 나은 사람이 되려고 하지 말고, 동료를 가슴에 품을 줄 아는 넉넉
한 마음을 가진 사람으로 살아주면 좋겠다.

Chapter 2
이런 일자리 어떻습니까?

좋은 일자리 찾는 방법

제군들이 생각하는 좋은 일자리, 좋은 회사란 어떤 곳인가? 높은 연봉을 주는 곳? 주 5일 근무에 정시 출퇴근하는 곳? 아니면 다양한 복지와 많은 휴가를 주는 등 워라밸(work-life balance)이 가능한 곳?

'좋다'라는 기준의 정의는 사람마다 추구하는 바가 다르기에 정답은 없다. 그러나 오랜 시간 동안 다양한 회사를 다녀보니, 일을 하면서 보람을 느낄 수 있는 직무여야 하며, 직원들의 노고를 인정해주는 조직 문화가 있는 곳이 좋은 회사인 것 같다.

그래서 지금부터 좋은 일자리에 대해 이야기를 해보려고 한다.

이야기하기에 앞서 지루하겠지만 앞에서 말한 내용을 다시 한 번 짚고 넘어가도록 하겠다. 전역 후, 어디서부터 취업 준비를 해야 하는지, 또 무엇부터 준비해야 하는지 막연하다면, 다음의 네 가지를 꼭 기억하자!

① 군에서 맡았던 병과 중에 가장 보람 있었거나 재미있었던 보직을

떠올려 보자. 딱히 기억에 남는 것이 없고, 그저 주어진 보직을 성실히 수행했을 뿐이라면, 복무 중 가장 오랫동안 했던 보직을 찾으면 된다(보람이나 재미는 없었다고 할 수도 있지만, 그래도 가장 익숙한 보직이다).

② 가장 보람되고 재미있었던, 또 오래 담당하였던 보직을 찾았다면, 그것과 가장 유사한 회사 직무에는 어떤 것들이 있는지 찾아보자. 인터넷에 검색을 하거나 포털사이트에 질문을 올려놓아도 된다. 하지만 인터넷을 통한 조사는 대표적인 직무들만 모아 놓은 경우가 많기 때문에 제군들이 모르고 있는 직업들을 놓칠 수도 있다. 그러므로 직접 서점에 가서 직업·직무에 관련된 책자를 찾아 읽어 보는 것을 추천한다. 제군들이 모르고 있던 흥미 있는 직무를 발견할 수 있을 것이다.

③ 유사한 직무를 찾았다면, 가고 싶은 기업이나 회사의 홈페이지에 접속하여 '사원 모집' 또는 '인재 채용' 공고를 살펴보자. 그러나 딱히 정해 놓은 회사가 없다면 구인구직 사이트(워크넷, 잡코리아, 사람인 등)에서 현재 모집 중인 관련 직종을 검색하여 찾아보면 된다.

④ 회사의 급여·근무 조건·담당 직무 등을 살펴보고 마음에 들었다면, 입사지원서를 준비한다.

입사지원서와 자기소개서 작성은 'Ⅱ부-Chapter 4'에서 자세하게 다룰 예정이다.

유망 직종 찾는 노하우

군 복무 시절에 담당하였던 병과와 유사한 회사 직무를 발견한 제군들과는 반대로, 담당하였던 병과와 유사한 회사 직무가 아예 없는 제군들도 있을 것이다. 보통 '특수'가 들어간 보직이거나 군에만 특화된 보직이 이에 해당한다. 또 두 번 다시는 군 병과와 유사한 직무를 하고 싶지 않은 제군들도 있을 수 있다. 그래서 지금부터 '유망 직종'을 찾는 방법에 대해 말해보려고 한다.

앞으로 이야기 할 내용은 현업 시절 이직을 위해 사용하였던 방법이다. 확실한 이론이 아니기에 100% 맞다고는 할 수 없지만, 이 방법을 이용하여 대기업, 중견기업, 중소기업, 공공기관 등 지원하는 회사에 거의 다 입사할 수 있었다.

가장 먼저 '정보 입수'이다. 인터넷에 유망 직종이란 단어를 검색하면 수백, 수천 개의 관련 정보가 나온다. 그러나 인기 글 등재를 위한 근거 없는 정보이거나 후원을 받아 올리는 글 등 관련 정보의 진위 여부를 파악하기는 쉽지 않다. 그래서 조금은 오래된 방식이지만 가장 확실하고 관련 직종에 대한 견문도 넓히며, 좀 더 나아가 면접장에서도 활용할 수 있는 방법을 소개하겠다.

우선 올해 또는 내년의 유망 직종으로 어떤 직무들이 언급되고 있는지, 큰 숲을 찾는 것이 중요하다. 따라서 먼저 웹 사이트를 이용하여 각 지역의 도청, 시청 홈페이지에서 시행하고 있는 여러 사업과 경기 부양책의 일원으로 올라온 공고를 수집한다. 그리고 이때 주식 투자와 관련된 정보도 함께 수집해 보면, 유망 산업과 직종, 기업 등을 좀 더 쉽게 파악할 수 있다. 주식 시장은 경기와 기업의 성장성 등에 민감하게 움직이기 때문이다. 또 매년 연말 정도 되면 다음 해에 대한 경기 전망, 투자 전망 등 여러 각도에서 분석한 투자 전문가들의 자료와 기사들이 쏟아져 나오므로 정보들을 손쉽게 얻을 수가 있다.

이렇게 찾은 정보들을 종합해 보면 공통점이나 눈에 띄는 직종 및 기업 등을 발견할 수가 있다. 그것들이 바로 올해의 유망 직종과 기업인 것이다.

유망 직종을 파악하였으면, 구인구직 사이트에 접속하여 그 직종과 관련된 직무 및 기업을 찾아보자. 온라인 구인구직 사이트는 따로 언급하지 않겠다. 포털 사이트에 구인구직 사이트, 공공일자리, 해외 취업 등을 검색하면 다양한 사이트가 나온다.

국내 구인구직 사이트는 위에 설명한 대로 포털 사이트에서 검색하고, 해외 취업과 관련된 구인 정보는 가능한 먼저 공공기관 사이트에서 찾아

보는 것을 추천한다. 다음은 대표적인 공공기관 사이트이다.

- 정부 일자리 웹 사이트를 전부 모아 놓은 곳   https://www.jobs.go.kr/
- 공공기관 사업 입찰 관련 사이트   https://www.alio.go.kr/
- 공공기관에서 많이 이용하는 사이트   https://www.gojobs.go.kr/
- 한국 산업인력공단에서 운영하는 사이트   https://www.worldjob.or.kr/

TIP.

공공기관의 웹 사이트는 웹 주소(URL) 마지막에 go. kr이 붙는다. 따라서 사이트 이름이 공공기관처럼 적혀 있어도 웹 주소 마지막에 go. kr이 적혀 있지 않다면 공공기관 사이트가 아니다. or.kr은 비영리 단체도 있으나 일부는 영리를 취하는 협회, 단체도 있다.

공공기관: go=government, kr=korea
협회, 단체: or=organization, kr=korea

채용박람회

[현장 채용박람회]

각 지역의 공공기관에서는 매년 상·하반기 최소 1회씩 '현장 채용박람회'를 개최한다. 채용박람회의 일정은 각 지자체 홈페이지에 공지하며, 언제 공지하는지 매일 확인하기 어렵다면 포털 사이트에 '2022년도 채용박람회'라고 검색해 보자. 공공기관 홈페이지에 있는 채용박람회에 관한 모든 정보들을 전부 불러와 준다. 또 각 시·도청에 전화하여 일자리 지원 부서나 채용박람회 담당 주무관에게 현장 채용박람회 개최 예상 일정을 물어봐도 된다.

[온라인 채용박람회]

2021년, 코로나19로 인해 공공기관에서도 비대면 채용박람회인 '온라인 채용박람회'를 실시하였다. 대부분의 공공기관이 참여한 온라인 채용박람회는 코로나19의 종식과 함께 사라질지도 모르지만, 계속 유지된다면 이 웹 사이트(https://www.publicjob.kr)[4]에서 방송될 것이다. 공공기관 취업을 희망하는 제군은 접속하여 지나간 박람회라도 한 번씩 보는 것을 추천한다. 공공기관에서 진행하는 박람회 같은 행사들의 큰 틀은 쉽게 바뀌지 않기 때문에 도움이 될 것이다.

참고로 위에서 말한 유망 직종과 관련된 기사를 많이 찾을수록 경제와 사회의 흐름이 눈에 보일 것이다. 또 이 과정에서 수집한 기업에 대한 기사나 정보는 수시로 스크랩(년, 월, 일 출처 기록)해 두는 것이 좋다. 분명히 자기소개서를 작성하거나 면접을 볼 때 아주 유용하게 사용될 것이며, 입사 후에도 필요할 때가 생기게 될 것이다. 이것이 바로 '정보력'이다.

대기업 신입 시절, 처음 받은 직무가 회사와 관련된 모든 언론 기사를 수집하여 보고하는 것이었다. 당시에는 "내가 이런 일이나 하려고 이곳에 들어왔나" 하며 그만두려고도 하였지만, 나중에 업무를 하는 데 있어서 이러한 과정들이 엄청난 밑거름이 되었다. 시사가 밝아지면 많은 것들이 보인다. 또 경제, 사회에 관심 있는 제군들이라면 영어 신문에 실린 경제 기사 면에서 'Korea'라는 단어가 들어간 기사는 무조건 한 번 훑어보라. 미국은 비교적 언론이 자유로워 솔직한 경제평을 쓴다.

---

4) 2021년 5월 기준으로 온라인 채용박람회는 종료되었다. 그러나 공공기관 채용 정보는 확인 가능하며, 더 많은 정보는 '잡알리오(https://job.alio.go.kr)'에서 확인 가능하다.

이렇게 유망 직종, 유사한 기업 직무, 채용 정보를 찾았다면, 다음은 급여, 근무 조건, 담당 직무 등을 살펴봐야 한다. 그리고 모든 조건이 마음에 드는 회사를 발견하였다면, 이제 입사지원서를 준비하면 된다.

영점사격

제대 군인들을 위한 전직 서적

제군들을 위한 일자리 관련 서적을 찾아보던 중, '제대 군인'과 관련된 서적이 너무나도 없다는 것을 알게 되었다. 일자리 및 재취업, 창업에 대해 설명하고 있는 300권의 책 중, 군인과 관련된 제목으로 출간된 책은 24권뿐이었고, 이 24권 중에서도 재취업 및 창업을 안내하는 책은 고작 3권이 전부였다. 그것도 후배들을 위해 장기 복무한 군인 출신의 작가님들이 쓴 책이었다. 대한민국의 수많은 직업 관련 집필가들도 군인에게는 관심이 없는 것이다.

중·장기 복무 군인들은 직업 군인이라 하여 직업의 한 종류로 분류된다. 하지만 본인의 의지와는 무관하게 매년 수백 명의 군인들이 전역하고 이직을 할 수밖에 없는 시대의 흐름 속에서, 제대 군인들을 위한 재취업 및 창업 관련 책자가 3권 밖에 없다는 게 믿어지는가?

물론 우리나라에 있는 모든 도서관(국회, 국방부 도서관)을 다 찾아본 것은 아니다. 아마 1,000권, 2,000권을 찾다 보면 몇 권은 더 나올 것이다. 그래서 없다고 단정하지는 않겠다. 국방부 내 도서관 또는 일반인들이 접근하지 못하는 각 군부대 도서관 같은 곳에는 반드시 군인들을 위한 재취업 및 창업 관련 책들이 있을 것이라 믿고 싶다.

51

취업 유형 I:
국내 취업_업종별 인재상

　과거에는 기업 규모별 취업 전략을 많이 연구하였으나, '정보화 시대 (2000년대)' 이후 취업에도 많은 변화가 생겨났다. '화이트칼라', 즉 '관리 중심 시대(1980~1990년대)'에는 대부분의 기업이 조직 융화력을 중점적으로 보았다면, 지금은 대기업들도 계열사를 업종별로 분사(分社)하여 그룹의 획일적 인재상이 아닌, 업종에 맞는 인재상을 두어 선발하고 있다. 시대의 흐름에 맞춰 변화하고 있는 것이다. 따라서 이번 항목에서는 기업 규모별 인재상이 아닌 업종별 인재상에 대해 설명하려고 한다. 누구나 알 만한 대표적인 기업을 적었으니, 제군들이 일하고 싶은 기업은 어느 업종에 해당하는지 확인하여 지원할 때 참고하도록 하자.

➔ 정보통신업: 열린 사고와 도전하는 인재상

　(TV 속, 기업에 광고를 눈여겨보자)

　• SKT: 세상에 새로운 가치를 더할 수 있는 인재. 많은 경험보다 경험의 결과를 얻기 위한 도전과 노력, 또 그 결과를 통하여 무엇을 배웠는지가 중점적 평가 기준

- KT: 도전하고 소통하는 인재
- LG U+: 고객이 최우선이라는 마인드로 끊임없는 도전과 함께 팀워크를 이루며 자율적·창의적으로 활동하는 인재

➡ 유통업: 고객과 소통하고 다른 직원과 협업하는 창의적 인재상

(유통업 특성상 협력 업체 및 고객들과의 협업 및 소통 능력 중시. 동료들 간 팀워크 중시)

- 아모레퍼시픽: 도전과 열정을 가지고 혁신을 주도하는 인재. 다양성을 존중하며 원활한 팀워크 및 소통이 가능한 인재
- 롯데백화점: 고객의 가치를 우선으로 생각하는 열정적·창의적 인재
- CJ그룹: 정직, 열정, 창의적 인재
- 이마트: 고객이 최우선이라는 주인 의식과 함께 도전과 열정, 그리고 열린 마음으로 활동하는 창의적 인재
- LF: 분석, 열정, 창의적 인재. 직무와 연관하여 LF의 문제점을 찾고 개선 방안 제시(창의적 답변)

➡ 게임업: 다양한 경험을 통해 새로운 아이디어를 낼 수 있는 인재상

- 넥슨: 다양한 문화를 경험한 창의적·도전적 인재 (실제 전직 이종격투기 선수, 보컬 가수, 교사 등 다양한 직무 경험자가 있음)

➡ 제조업: 기업 문화 보수적, 조직의 가치에 부합하는 인재상

- GS칼텍스: 조직의 가치를 최우선으로 생각하고 자원과 역량을 결합하여 구체적인 성과를 창출하는 인재. 자신의 성향대로 일관성 있는 솔직한 사람 선호
- LG화학: 꿈과 열정을 가지고 세계 최고에 도전하는 인재. 팀워크 안에서 자율성을 가지고 창의적으로 활동하는 인재
- 현대자동차: 원활한 조직 적응과 인문학적 소양을 겸비한 인재

- SK하이닉스, LG디스플레이 : 조직 융화, 소통, 올바른 인성을 가진 인재
  - SK하이닉스 : '말이 잘 통하지 않는 선배와 소통하는 방법' 등과 같은 문제 제시(창의적 답변)
  - LG 디스플레이 : '집과 회사에서 동시에 일이 터졌다. 어떻게 대처할 것인가?' 등과 같은 문제 제시(창의적 답변)
- 포스코 : 인문학적 소양을 겸비한 인재

● 금융업 : 예의 바른 인재상
(면접시 태도·자세, 언행 집중 평가, 90도 인사, 미소 중요)

- 우리은행 : 정직, 겸손, 고객 배려, 성실성
- 신한은행 : 자신감, 미소, 예의, 회사에 대한 이해

● 수출업 : 글로벌 역량 중점
(진출 나라 언어 능력, 현지 문화 이해력)

- LG화학 : 외국어 능력 면접(영어, 중국어 중 선택)
- 코리안리재보험 : 점수 제한을 둔 영어평가(작문, 번역) 및 국어시험(제2외국어 우수자 모집 부문은 어학구술 면접도 추가로 본다)
- 롯데백화점, LF : 영어는 기본이며, 해외 지점 지원 시 현지어 평가 실시
- 아모레퍼시픽 : 외국 문화에 대한 이해도, 신흥 시장 파견 시 적응력 등 개인 역량 평가

TIP

대기업에 공채로 지원하고 싶은 제군이 있다면 「읽다보면 취업되는 신기한 책-잡스엔」 책을 추천한다. 국내 대기업들의 취업에 관한 내용이 거의 다 나와 있으며, 입사를 위한 방법 및 기업별 직무 적성 검사 등을 깔끔하게 정리해 두었다. 발행 연도는 2016년이나 기업의 채용 기준은 잘 바뀌지 않기에 크게 상관없을 것이다. 또한 2016년에 면접관이었던 분들이 올해도 면접관으로 현장에 계시며, 진급하였다면 최종 임원 면접관으로 계실 것이니 참고하여도 된다.

취업 유형 II:
공기업

전역 후, 공기업과 공공기관에 도전하는 제군들이 의외로 많았다. 그 중 청년 제군들 대부분은 한 번씩 도전하고 있으므로 간단하게 설명하도록 하겠다.

공기업과 사기업은 설립 목적부터 다르다. 사기업은 우리가 흔히 알고 있는 일반 기업으로, 경기가 어려워지면 비용(지출)을 줄이지만, 공기업은 경기 부양책의 일환으로 비용을 늘린다. 또 사기업은 생존과 성장을 위해 경쟁에서 이길 수 있는 우수한 실력을 가진 인재를 필요로 하지만, 공기업은 국민 복지, 사회 안정, 국가 발전을 목적으로 경쟁이 아닌 정직, 봉사, 희생 등 공익의 소명 의식을 가진 사람을 선발하고 싶어 한다.

공기업의 직무는 국가의 정책을 수행하는 업무 형태로 구성될 수밖에 없으며, 그 중심에는 'NCS(국가직무능력표준)'가 있다. NCS란 직무를 수행하기 위해 요구되는 '지식', '기술', '태도' 등의 내용을 국가가 체계화한 것이다. 요즘 많은 공기업에서 학연, 지연, 혈연, 성별, 나이 등을 배제하고 해당 직무의 역량과 적합성만을 평가하는 'NCS 블라인드 채용'을 선호하고 있다. 따라서 NCS에 대한 정확한 이해가 바로 공기업 취업의 핵심 요소인 것이다.

여기서 한 단계 더 높은 경쟁력을 갖추기 위해서는 직무에 대한 경험과 관련 있는 전문 자격증이 필요하다. 전역 후, 군무원에 도전해 본 제군들은 '경력 가점'에 대해 알고 있을 것이다. 경력 가점이란 직무에 대한 경험이 경력으로 인정되어 가점을 받을 수 있는 것을 뜻한다. 그러나 경험이 부족하다면, 전문 자격증으로 빈 공간을 메우는 것도 하나의 전략이 될 수 있다. 그러므로 직무와 관련된 자격증을 미리미리 준비해야 하는 것이다.

코로나19 이후 사기업과 달리 공기업은 경기 부양과 실업률 감소를 위해 한동안 일자리를 지속적으로 늘리는 정책을 유지할 것으로 보인다. 또 취업률을 높이기 위해 지원 자격이나 조건도 많이 완화될 것으로 예상된다. 이미 '대한무역투자진흥공사(KOTRA)', '한국남동발전(KOEN)', '한국농수산식품유통공사(aT)', '한국가스공사(KOGAS)' 등은 서류 전형을 없애고 모든 지원자들에게 적성 검사를 응시하도록 하고 있다. 어떻게 보면 코로나19로 인하여 공기업의 취업문이 넓어진 것이다.

최근 정부에서는 아직 시장이 형성되지 않은 미래사업 육성을 위해 사기업보다 먼저 투자하는 분야가 생겨났다. 2021년 경기 부양책의 일환으로 '뉴딜 사업'을 각 기관에서 실시하였는데, 스마트 뉴딜 사업 안에 있는 '빅데이터', '농업 스마트 팜', '스마트 항공', '스마트 팩토리' 등이 이에 해당한다. 이 분야에 취업하여 경력을 쌓아두면 나중에 자신의 몸값을 높여 일반 기업으로 이직할 수도 있다.

마지막으로 공기업에 지원하기 전, 알아두어야 할 사항이 있다. 의외로 모르는 제군들이 많아 간단하게 정리해 보았다.

구분	국가직			지방직		
기관	국회, 법원, 정부 청사, 부처 산하 기관, 공항, 철도청, 국가보훈처 등			도청, 시청, 구청, 주민센터 등		
근무환경	2~3년 주기 전국 순환 근무			지역 내 발령 근무, 퇴직까지 지역 내에서 근무 가능		
일반행정직 (서울 기준)	2020	경쟁률	126.2 : 1	2020	경쟁률	22.2 : 1
		필기 합격점	397.06점		필기 합격점	385.75점
응시제한	주민등록지 무관 응시 가능			거주지 요건 충족 시 지원		
시험일정	2월 접수▶ 4월 필기▶ 8월 면접 ▶ 8월 발표			3월 접수▶ 6월 필기▶ 8~9월 면접 ▶ 9월 발표		
선발 직렬	고용노동직, 정보보호직, 전송기술직, 철도경찰직, 출입국관리직, 마약수사직, 검찰직, 보호직, 교정직, 통계직, 관세직			시설관리직, 축산직, 속기직, 보건직, 일반환경직, 보건진료직, 도시계획직, 지적직, 간호직, 방호직, 사서직, 사회복지직		
장점	1. 국가 중앙부서에서 근무 2. 다양하고 전문적 부문 많아 배움 기회 증가 3. 9급 공무원은 지방직보다 승진 빠름 4. 단순 민원 없어 주업무에 집중			1. 한 지역 내에서 퇴직까지 근무 가능(해당 지자체 내에서 순환 발령) 2. 거주지 이동 없어 주거 생활 안정 → 지출 계획성으로 저축률 높음 3. 지역 연고로 선후배 유대 관계 양호 4. 국가직 대비 복지포인트 높음		
공통사항	1. '투잡(twojob)'금지(아르바이트도 안 됨) • 공무원 복무규정 제25조~26조(기관장 사전허가 조건으로 일부 허용) • 공무원 임용 전 또는 임용 유예 기간 중에는 가능. 단 임용 발령 전까진 반드시 퇴사 처리 2. 주식 투자 일부 허용 • 5급 이하 연 3,000만 원까지 허용, 4급 이상 주식 거래 금지					

창업 유형 I:
프랜차이즈(요식업종)

이번 항목에서는 철저한 계획과 사전 준비 없이 요식업을 준비하고 있는 제군들을 위해 과거 프랜차이즈 사업을 하였던 경험을 통해 배우고, 느꼈던 것들을 전달해 주고자 한다. 요식업을 준비하려고 하는 제군들은 꼭 참고하기를 바란다.

사업을 하는 동안 겪었던 여러 상황을 분석해 보았다. 결론부터 말하자면, '내가 잘 할 수 없고, 잘 모르는 일은 시작하지 말자'는 것이다. 잘하는 것과 좋아하는 것은 직장과 사업처럼 뜻부터 다르다. 직장은 좋아하는 일을 하면서 적응해 가면 된다. 또 업무가 미숙하여 실수를 해도 조직이 움직이므로 최소한 망하지는 않는다. 하지만 사업은 잘하지도 못하면서 좋아하는 업종이라고 판을 벌렸다가는 망하고 만다.

일반적으로 창업이라고 하면 가장 먼저 떠올리는 것이 '프랜차이즈 가맹점'일 것이다. 이 프랜차이즈 가맹점의 장점은 매장 입지 선정부터 인테리어, 판매용 자재 공급, 사업자 등록 절차 등 사업을 하기 위한 전반적인 지원을 받을 수 있다는 것이다. 그래서 사업을 해본 경험이 없는 대부분의 사람들은 프랜차이즈 가맹점을 하면 본사에서 다 알아서 해줄 것이라고 생각한다. 그러나 기대하지 않는 것이 좋다. 프랜차이즈 본사도 돈을 벌기 위해 사업을 하는 기업이다. 돈이 되지 않는다고 판단하면 지원해 주지 않는다. 이러한 것들을 친절하게 안내받을 수 있을 때는 가맹점 계약 전이다. 가맹비를 입금하고 계약서에 사인하고 나면 칼자루가 바뀐다. 제군들이 '을'이 되는 것이다. 따라서 가맹점 계약 전, 반드시 여러 가지를 알아보아야 하는데, 그중 가장 핵심적인 부분을 지금부터 알려주려고 한다. 과거, 요식업을 하였기에 음식점을 기준으로 이야기해 보겠다.

● 입지 선정

상권은 크게 분류하면 '번화가 상권'과 '동네 상권'으로 나뉜다. 동네 상권의 장점이자 단점은 동네 주민들의 입소문(바이럴 마케팅)에 의한 매장 홍보이다. 그래서 유동 인구가 많은 대도시의 번화가 상권보다 홍보·광고 비용이 적게 든다. 그러나 음식 맛이 없다거나, 종업원이 불친절하다고 소문이 나기 시작하면 홍보를 포함하여 원 플러스 원(1+1) 같은 행사도 아무 소용이 없어진다. 또 일정한 기간이 지나 매니아층이 형성되고 나면 매출은 정체기를 맞이한다. 매출이 더 이상 늘어나지 않는 것이다. 사업은 재료비, 인건비가 매년 오르기 때문에 매출 역시 매년 조금씩이라도 늘어나야 하는데, 동네 상권은 이것이 힘들다. 아무리 음식 맛이 훌륭해도 매일같이 먹으러 오는 손님은 없기 때문이다.

반면, 대도시 번화가 상권의 가장 큰 장점은 외지 사람들을 포함하여 여가를 즐기러 온 사람들, 대학생 등 유동 인구가 많다는 것이다. 또 놀러 나온 만큼 기분도 낼 겸 이색 음식이나 맛있는 음식을 먹고 가는데,

이때 음식 맛이 없다고 해서 이 사람 저 사람에게 말하고 다니지는 않는다. 대부분의 사람들이 매일 번화가에 놀러 오는 것이 아니기에 그날의 재밌었던 이야기, 맛있었던 음식만 기억하려고 하기 때문이다. 따라서 음식 맛이 약간 없어도 홍보만 열심히, 꾸준히 하면 계속해서 새로운 손님이 찾아온다. 또 대도시의 번화가는 장사가 안 되어 점포를 내놓아도 소위 '바닥 P[5]'라는 상권 프리미엄으로 인하여 동네 상권처럼 남는 거 없이 폐점하는 경우는 없다.

단점은 상권이 좋다보니 초기 비용 부담이 크고, 유사 경쟁 업체가 많이 생긴다는 것이다. 과거 부산 남포동에서 레스토랑을 오픈하였을 때, 식사를 하기 위해 온 손님들이 계단을(2층 매장이었다) 돌아 줄을 서가며 대기할 정도로 장사가 잘되었다. 그러나 장사가 잘된다는 소문이 나자, 1년도 채 되지 않아 인근에 유사한 레스토랑이 우후죽순처럼 생겨났다. 독점이란 게 없는 것이다.

이처럼 동네 상권과 대도시의 번화가 상권 두 지점에서 장사를 해본 결과, 요식업을 꼭 해보고 싶은 제군이라면 대도시의 번화가 상권에서 하는 것을 추천한다. 단, 임대료가 없는 내 점포, 내가 할 수 있는 일, 나와 배우자만 매달려도 되는 업종이라면 동네 상권을 검토해 보아도 된다.

TIP

부산에서 하던 레스토랑이 한창 잘될 때, 어떤 분이 '프리미엄 비용으로 1억 원'을 줄 테니 자신에게 가게를 넘기라고 하였다. 그러나 당시 손님들이 한창 늘어나며 장사가 잘되던 시기였기에, 당연히 지금보다 더 잘될 것이라고 생각하고 넘기지 않았다. 하지만 그때 넘겼어야 했다. 점포를 내놓을 때도 타이밍이 있다. 돈을 벌 목적이라면 매장이 잘될 때 넘겨야 한다는 것을 반드시 기억하자.

---

5) 프리미엄, 상권+설비+영업 가치를 돈으로 매긴 것이다. 계산서가 없고 부가세 환급을 받지 못하지만, 추후 점포를 넘길 때 받아서 나가면 된다.

매장을 소비자에게 알리는 데는 1~2개월이면 충분하다. 만약 3개월이 넘어도 손님이 없다면 매장 영업 유지를 심각하게 고민해 보아야 한다. 음식의 맛은 종업원이나 사장이 평가하는 게 아니라 손님들이 평가하기 때문이다. 따라서 3개월이 넘었는데도 손님이 없다는 것은 이미 평가가 끝났다는 것을 의미한다.

◈ 점포 선정

번화가에 있는 점포를 선정해라. 프리미엄(P)이 붙어 있다는 것은 그만한 이유가 있다는 것이다. 따라서 프리미엄이 없는 곳은 피하는 게 좋으며, 이미 비어 있는 점포 역시 피하는 것이 좋다. 가능한 영업을 하고 있으며, 프리미엄이 조금이라도 붙어 있는 점포를 찾아라. 금액이 적정한지는 인근 부동산 여러 군데를 돌아보면 금방 알 수 있다. 이때 조금만 더 발품을 팔아 인근에서 약간 벗어난 곳에 있는 부동산에 가서 시세를 물어보면 더욱 적정한 금액을 알 수 있다. 또 계약하려는 곳에 인테리어가 그대로 남아 있다면, 중개소에서는 시설 설비 값 명목으로 프리미엄에 해당하는 금액을 달라고 할 것이다. 절대로 줄 필요 없다. 오히려 철거 비용을 청구해야 한다. 인테리어를 다시 하기 위해서는 기존 시설물을 철거해야 하는데, 이것만 해도 수백만 원이 든다. 절약 정신이 몸에 배어 기존의 설비와 인테리어를 그대로 사용한다면, 그 가게는 반드시 망한다.

입점하고 싶은 점포가 정해졌으면, 바로 계약하지 말고 점포가 잘 보이는 곳에 자리를 잡고, 출입하는 손님의 수를 체크해 보아야 한다. 이때 연령별(청년, 장년, 노년), 성별, 시간대별로 나누어 체크해야 하고, 주중과 주말로 나누어 체크해야 한다. 이렇게 관찰하다 보면 입점하고 싶은 점포의 주 고객층과 매출이 눈에 보일 것이다. 이를 참고하여 사업 아이템, 종업원 수 등을 고려하면 된다. 조사 기간은 상황에 따라 다르겠지만, 최소 2주~1개월은 해야 한다. 귀찮다고 생각하지 말자. 실패하면 1억이라는 돈이 순식간에 사라진다. 그러니 꼭 제군이 직접 발품을 팔아 조사하여야 한다. 이러한 부분에서 귀찮다는 생각이 들면 사업을 시작해서는 안 된다.

창업을 위해 사회로 나와 보면, 조직 안에 있을 때 제군들이 얼마나 보호받고 있었는지 실감하게 될 것이다. 그러므로 오랜 시간 정말 충분히 알아보고, 돌다리 두드리는 심정으로 조심스럽게 시작하여야 한다. 또 감정적으로 판단하지 말고 이성적으로 판단해야 하며, 조금이라도 찜찜한 마음이 든다면 시작하지 마라. 제군의 판단이 맞다.

❷ 자금 준비

자금은 많으면 많을수록 좋겠지만, '많다'라는 개념은 사람마다 다르므로 정확히 얼마라고 말하기는 어렵다. 다만 사업이 처음이라면 자본금의 50% 이하가 적절하다고 생각된다. 과거에 창업과 관련된 여러 권의 서적을 읽은 적이 있다. 어떤 저자는 사업을 하려면, 뒤돌아보지 말고 모든 것을 쏟아낼 각오로 올인해야 한다고 하였다. 여유 자본을 남겨두면 힘들 때 죽기 살기로 하는 게 아니라 돌아가려는 마음이 생겨 성공하지 못한다는 것이다. 맞는 말이다. 사업은 '이거 아니면 죽는다'라는 생각으로 해야 한다. 하지만 올인은 아니다. 이는 청년 창업자들에게 해당되는 말인 것 같다. 사업이 처음이고 가족이 있다면 절대로 올인해서는 안 된다. 가족을 위해 최소 1년간의 최저 생활비는 남겨두어야 한다.

투자금은 가능하면 자신의 자본금 내에서 소자본으로 시작하고, 만일 부득하게 자금을 빌려야 한다면, 각 시도에 있는 '소상공인지원센터'를 방문해 보자. 국가에서 소상공인들을 위해 진행하는 저리 금리 지원으로 소상공인지원센터에서 보증을 하고 제1금융권(일반 은행)에서 자금을 대출해 준다. 매년 초에 자금 지원이 시작되며, 자금이 소진되면 지원이 종료된다. 또 대출 문턱이 비교적 낮고 금리가 싸다는 것이 장점이지만, 이것도 갚아야 할 부채이기에 무턱대고 신청하는 것은 좋지 않다. 만약 올해 대출 지원을 받았다면, 다음 해 더욱 저리로 자금이 나왔어도 앞에 대출한 돈을 다 갚지 못하였으면 추가 대출을 받을 수 없다. 소위 말하는 이자 갈아타기가 안 되는 것이다.

사업 자금은 사업의 종류와 규모에 따라 다르겠지만, 가능한 초기 투자 비용을 최소화하는 것이 좋다. 특히 인건비와 매장 임대료는 매달 빠져나가는 고정 지출이다. 고정 지출이 많아지면, 가지고 갈 돈이 없어진다. 즉 이익이 줄어드는 것이다. 이익이 줄어들면 언젠가는 망하지 않겠는가? 사업은 잘 해야지 열심히 해서는 안 된다. 폼나게 사업하려고 하지 말자.

마지막으로 제군들의 창업에 관련하여 많은 책을 찾아보던 중, 너무나 공감되는 부분이 있어 여기에 옮겨 보았다. 창업을 준비하는 제군들이 있다면, 이 글이 가슴에 와 닿는 일은 없었으면 한다.

기업가의 5가지 후회[6]

① 직원을 채용하지 말았어야 했다.

② 직원의 눈치를 보지 말았어야 했다.

③ 오른팔을 두지 말았어야 했다.

④ 모든 것을 직접 확인했어야 했다.

⑤ 어려울 때 그것을 인정해야 했다.

영점사격

창업하기 전, 꼭 알아야 하는 것

음식점 점포 선정 시, 유의사항

길거리에 노점상이 있는 번화가의 경우, 점포의 1층과 2층은 큰 차이가 있다. 따라서 점포 선정에 앞서 길거리에 노점상이 있는지 파악하는 것이 매우 중요하다. 다양한 볼거리가 있는 번화가의 특성상 대부분의 사람들이 간단히 배를 채우고 다른 곳을 구경하러 간다. 그렇기 때문에 노점상에서 음식을 판다면, 점심시간 점포 손님이 줄어들 수밖에 없다. 또 여름이면 햇볕을 피하기 위해 파라솔을 편다. 이때 2층에 위치한 점포의 간판은 당연히 파라솔에 의해 가려지게 된다. 번화가는 여가를 즐기기 위하여 연인과 가족끼리 나들이를 나오는 곳이기에 많은 사람들이 즉흥적으로 음식과 식당을 선택하여 외식을 하고 간다. 이 부분에서 점포 간판과 음식 배너 간판 노출이 매출 기여에 큰 부분을 차지하는데, 파라솔에 가려지게 되면 홍보를 할 수가 없게 되는 것이다. 따라서 노점상이 많은 거리의 2층에 위치한 점포는 피하여야 한다. 유동 인구가 많고, 노점상이 없는 곳이라면 2·3층도 괜찮지만, 노점상이 많은 곳이라면 무조건 1층으로 들어가야 한다.

---

6) 이동우, 『10분의 독서』, 이동우 콘텐츠연구소, 2018

창업 유형 II:
1인 기업, 프리랜서

이번에는 '1인 기업'과 '프리랜서'에 대해 이야기해 보려고 한다. 다만 1인 기업의 설립 방법과 프리랜서를 하려면 어떻게 해야 하는지 등에 대한 설명은 하지 않겠다. 여기에서는 1인 기업과 프리랜서가 무엇이 다른지, 그 개념을 정리해 보려고 한다.

1인 기업과 프리랜서 모두 혼자서 일을 진행하는 직업이다. 명확하게 구분하기는 어렵지만, 분명 다른 것들이 존재한다.

⊝ 1인 기업

사업자 등록증을 내야 하기 때문에 기업과 기업 간의 거래 관계가 생긴다. 일을 진행하는 데 있어서는 기업의 조직 내에서 일하는 것이 아닌, 일의 일부를 맡아서 단독적으로 결과를 내고 납품을 한다. 또 보수가 아닌 용역 대금을 받으며, 세금 계산서 요구 시 부가세 10%를 포함하여 대금을 청구한다. 이때 수익에 대한 세무 신고는 스스로 해야 한다. 또한 기업에서 불러주지 않아도 스스로 아이템을 정하고, 상품을 만들어 홍보도 할수 있다. 이처럼 1인 기업은 일반 기업과 비슷하지만, 세금 신고부터 마케팅, 홍보, 사업 발굴 등 기업에서 하는 모든 것을 혼자서 처리하여야 한다.

> **(장점)** 고객의 오더를 기다리는 것이 아니라, 스스로 상품을 개발하고 판매할 수 있기 때문에 고객을 창출할 수 있다. 또 프리랜서보다 시간이 비교적 자유로우며, 여러 기업의 오더를 동시에 처리할 수 있다. 필요시 파트너를 고용하여 같이 진행해도 된다.
>
> **(단점)** 사업 기획, 마케팅, 홍보, 판매, 고객 창출, 수익에 대한 세무 신고 등 모든 것을 스스로 해야 한다.

➔ 프리랜서

특정한 업무에 대한 기업의 외주 용역 개념이며, 단발성 계약으로 기업에서 요구하는 일을 처리한다. 즉 어떤 조직에 소속되어 일을 하지만 조직 구성원은 아닌 것이다. 또 다양한 조직에서 일할 수 있으며, 정해진 급여가 아닌 계약된 보수를 받는다. 4대 보험은 없으며, 보수를 지급받을 때 '원천징수 금액'으로 지급 금액의 3.3%를 공제하여 받는다. 이 3.3%는 소득세이고, 지급해 주는 기업 담당 세무서에서 알아서 신고해 주기 때문에 수익에 대하여 매번 국세청에 신고를 하지 않아도 된다. 단, 매년 5월 종합소득세 신고는 개인이 해야 한다.

> **(장점)** 개인 사업자이지만 세무 등 다른 곳에 신경을 쓰지 않고, 자신이 맡은 일만 처리하면 된다.
>
> **(단점)** 고객(클라이언트)으로부터 주문(오더)이 없으면 수익이 발생하지 않는다. 또 고객이 원하는 날짜에 맞춰서 일을 끝내야 하기 때문에 시간이 자유롭지 않으며, 여러 개의 오더를 동시에 처리하지 못한다.

1인 기업과 프리랜서의 개념에 대하여 간략하게 설명해 보았다. 만약 제군들 중, 본인만의 독창적인 기술이 있다면 1인 기업을 추천한다.

2부

취업을 위해
준비해야 할 것들

Chapter 3
인생 간이역, 전역!

나의 취업 경쟁자는
동료 제군?

제군들에게 질문 하나 하겠다. 제군들의 취업 경쟁자는 누구일까? 같이 전역하는 동료 제군? 비슷한 시기에 전역하는 다른 부대 제군? 이미 전역하여 취업을 준비하는 선배 제군? 아니면 이제 막 대학교에서 졸업한 20대 젊은이들?

취업 경쟁자가 제군들이 생각하는 소수의 사람들뿐이라면 얼마나 좋을까? 아마 제군들 모두 원하는 회사에 입사할 수 있을 것이다. 그러나 대한민국에는 취업 및 이직을 준비하는 사람들이 넘쳐난다. 또 시간이 지날수록 신입 사원을 포함하여 경력 사원의 취업 경쟁률 역시 높아지고 있다. 이렇듯 제군들은 좋은 학벌과 우수한 어학 능력, 또는 기업 직무 경력을 가지고 이직을 준비하는 사람, 중견기업에서 정년퇴직한 리더십과 업무 내공 경력이 있는 간부 출신 등을 포함하여 사회에 나오면 만나게 될 모든 취업 준비생들과 경쟁하여야 한다. 게다가 이들은 각종 자격증을 보유하고도 기업이 요구하는 라이선스를 취득하기 위해 늦은 시간까지 학원을 다니고 있다. 이것이 현실이다. 이렇게 열심히 준비하는 사람들과의 경쟁에서 이겨야지만 취업에 성공할 수 있는 것이다.

직업 상담을 하다 보면 가끔 열정과 패기가 넘치는 제군들을 만날 때가 있는데, 대부분이 30대 후반의 위관급, 40대 초반의 영관급으로 전역한 제군들이다. 이들과 대화를 나누다 보면 취업을 너무 쉽게 생각하는 것은 아닌가 하는 생각이 들 때가 많다. 대다수의 제군들이 업무를 배워야 하니 연봉은 크게 욕심 없이 4,000만 원 정도, 직책은 대리나 과장급으로 소개해 달라고 하기 때문이다. 아마도 '대한민국의 수천 개나 되는 기업에 나 하나 들어갈 자리 없겠는가' 하는 자신감일 것이다. 맞다. 대한민국에는 수천 개의 회사가 존재한다. 그러나 취업을 준비하는 사람은 수십 수만 명이다. 그것도 위에서 말한 내공과 실력 모두를 갖춘 사람들로 말이다. 인생을 살아가는 데 있어서 적당한 열정과 패기는 도움이 되지만, 넘치면 오히려 독이 된다.

앞서 13쪽 [영점사격]에서 제대 군인 통계 자료를 보여 준 이유도 이 때문이다. 매년 얼마나 많은 동료 제군들이 사회로 나와 취업 및 창업 준비를 하고 있는지 조금이라도 현실감 있게 보여 주고 싶었다. 사회에는 일반 취업 준비생들도 많으므로 의욕만 갖고 취업에 성공할 수 없는 것이다. 그렇다고 기죽을 필요는 없다. 제군들은 일반인보다 더욱 혹독한 환경에서 생활하며, 치밀한 작전을 완벽하게 수행하여 오던 대한민국 군인이지 않는가? 불굴의 의지, 개인보다 조직을 먼저 생각하는 조직 융화력, 투철한 애국심과 상명하복의 위계질서 등 조직 생활을 하기 위한 기본기를 모두 갖추고 있는 사람들인 것이다.

군에서 제군들은 엘리트였다. 하지만 사회에서는 초년생이다. 현실을 정확히 파악하여 'SWOT 분석'[7]을 냉철하게 해 보고, 제군들이 무엇을 원하며 잘하는지, 또 어떤 것에 흥미가 끌리는지를 찾아야 한다. 자신의 잠재의식 속 호랑이를 끄집어내야 하는 것이다.

7) 장점(Strength), 약점(Weakness), 기회(Opportunity), 위기(Threat)의 앞 글자를 따서 SWOT 분석이라 부른다. 주로 기업의 경영 전략을 수립할 때 분석하는 것이나, 개인에게도 적용하여 활용하고 있다.

73

4차 산업 혁명 시대에 임하는 마음가짐과 자세:
변화, 혁신, 융합, 공유, 협업, 창조

먼저 '4차 산업 혁명'이 무엇인지 모르는 제군들을 위해 간략하게 정리해 보겠다. 지금 취업을 위해 이 글을 읽고 있다면, 제군들 모두 4차 산업 혁명의 이데올로기를 경험하게 될 것이다. 혹시나 모르고 있었다면 알기 쉽게 정리해 두었으니 참고하기를 바란다.

산업 혁명의 기원은 우리가 좀 더 잘 먹고 잘 살고 싶다는 욕망으로 산업을 발전시킨 것에서부터 시작된다. 이 욕망은 산업의 획기적인 발전을 가져왔으며, 이를 '혁명'이라고 명명하였고, 그렇게 산업 혁명이 일어난 것이다.

1차 산업 혁명: 1차 산업 혁명은 농경 사회에서 시작되었다. 당시 농사를 짓는 데 있어 사람이 하루에 할 수 있는 노동량에는 한계가 있었다. 힘(에너지)을 원료로 사용하는 사람의 특성상 온종일 농사를 지을 수는 없었기 때문이다. 이때 기계가 등장하면서 일의 능률이 획기적으로 올라갔다. 기계는 사람과 달리 고장 날 때까지 일만 시켜도 불만을 토로하지 않았기에, 돈 있는 지주들은 당연히 기계를 선호하였다. 다만 증기와 석탄을 동력으로 사용하던 기계들은 중간에 한 번씩 열을 식혀줘야 했기 때문에 연속적으로 일을 하지는 못하였다. 그러나 사람이 하는 것보다 일의 능률은 확실히 증가하였다.

2차 산업 혁명: 2차 산업 혁명은 1차 산업에서 만든 기계를 증기나 석탄이 아닌, 전기를 이용하여 사용하도록 만들었다. 이로 인해 필요한 물자들을 충분히 공급하는 것이 가능해졌고, 이는 대량 생산으로 이어졌다. 이것을 산업 혁명이라고 부르며, '컨베이어 시대', '블루칼라 시대'라고도 한다.

3차 산업 혁명: 3차 산업 혁명은 인공지능 시대, IT화 시대라고 한다. 대량 생산으로 인해 만들면 팔리는 시대는 끝이 나고, 물건이 남아도는 시대가 된 것이다. 이러한 흐름에 맞춰 기업에서는 생존과 번영이라는 두 마리 토끼를 잡기 위해 소비 정보를 분석하여 소비자가 원하는 제품을 만들기 시작하였으며, 비용 절감과 노동 대체의 필요성으로 공장의 자동화·로봇화가 시작되었다. 또 이 시기부터 관리의 중요성이 더욱 커졌으며, 이를 '화이트칼라 전성 시대'라고도 한다.

4차 산업 혁명: 4차 산업 혁명은 IT융합 시대이다. 물질적 풍요가 이루어지면서 사람들은 건강과 삶에 대한 애착을 갖기 시작하였다. 또 인류는 환경문제, 노동문제, 소비문제에 대해 높은 수준의 전문 지식을 가지게 되었고, 기업도 여기에 맞추어 여러 가지 전문 지식과 기술이 필요하게 되었다. 그러나 기업의 입장에서 사람을 고용하여 이 모든 것을 대응하기에는 무리가 있었다. 따라서 IT를 접목한 대응 시스템에 눈을 돌리게 되었고, 기업은 소비자들의 니즈(needs)에, 개발자는 기업의 니즈에 맞추어 기술을 개발하였다. 그 결과 여러 산업 분야에서 다음과 같은 아이디어가 나오게 되었다.

사물 인터넷(IoT, Internet of Things)

스마트폰과 사물들을 연결하여 멀리서도 원격으로 통제할 수 있게 만든 기술이다. 예를 들어, 출근을 하며 가스불을 끌 수도 있고, 세탁기를 켤 수도 있으며, 퇴근을 하면서 에어컨을 미리 작동시킬 수도 있고, 냉장고 안에 있는 식품의 재고를 파악하여 물건을 주문할 수도 있는 기술이다. 이처럼 일상생활 속, 깜박하기 쉽고 불편하던 일들을 '정보 기술(IT)'과 연결하여 통제할 수 있는 플랫폼이다.

빅데이터(Big Data)

데이터의 양이 너무 방대하여 기존의 방법이나 도구로 수집, 저장, 분석 등이 어려운 정형 및 비정형 데이터들을 의미한다. 소비자들의 여러 행동(여행, 구매, 검색)을 수집하여 분석·저장한다.

빅데이터 분석가

방대한 규모의 빅데이터를 쓸모 있고, 가치 있게 만드는 사람을 뜻한다. 소비자들의 빅데이터(여행, 구매, 검색 등의 기록)를 가공·분석하여 부가가치가 높은 결과물(여행지 근처 맛집, 구매 성향, 좋아하는 영화 등)을 도출해내는 일을 담당한다.

빅데이터 개발자

분석된 데이터를 가지고 앱(APP), 웹(WEB) 등을 개발하는 사람을 뜻한다.

클라우드(Cloud)

영어로 '구름'을 뜻하며, 컴퓨터 내부에 있는 저장 공간이 아닌, 인터넷을 통하여 중앙 컴퓨터에 저장할 수 있는 공간을 의미한다. 막대한 양의 데이터를 저장할 수 있고, 마치 여러 장소에서 동일한 구름을 관찰할 수 있듯이, 언제 어디서나 필요한 정보들을 불러올 수 있다.

앞서 설명하였지만, 우리가 휴대폰으로 검색하고, 보고 즐기는 것들은 우리도 모르는 사이에 데이터가 된다. 더 나아가 가족들의 생활 데이터를 모으면, 한 가정의 소비 트렌드, 생활 패턴, 질병력 등을 알 수 있다. 이것이 빅데이터 기술이며, 기업은 이 데이터를 가지고 영업을 한다. 본인들도 잘 모르는 성향을 분석하고 가공하여, 그 사람이 필요로 하는 물건이나 정보 등을 판매하는 것이다. 이처럼 4차 산업 혁명의 핵심은 앞서 말한 '사물 인터넷', '빅데이터', '클라우드'로 묶을 수 있다. 따라서 4차 산업 혁명 시대에는 우리의 일상생활이 기존 3차 산업 혁명 시대보다 엄청난 '변화'(현재 존재하는 직업의 80%가 없어지고, 80%의 신규 직업이 생긴다고 함)를 겪게 될 것이며, 혁신적 데이터들끼리 융합되거나 공유되고 나누어져(전문화), 또 다른 창조를 위해 협업하는 사이클의 시대가 시작될 것이다. 그러므로 앞으로는 과거와 같이 자신만의 노하우라는 폐쇄적인 사고로는 살아남기 힘들다. 기업에서 대외비(對外秘)라고 하는 건 일시적인 비밀일 뿐, 영구히 보존하는 것은 아니기 때문이다.

새로운 것이란 현재의 것을 약간 바꾸어 미래의 것으로 내놓는 것을 의미한다. 21세기 가장 혁신적인 물건 중 하나인 휴대폰 역시, 군에서 쓰던 무선 통신 장비에서 출발하였다. 이 과정을 건너뛰고 보면 휴대폰의 발명이 혁신으로 보이지만, 변천 과정을 보면 혁신이 아닌 변화인 것이다. 세상에 혁신이라는 것은 없다. 기존의 것이 있어야 한다. 또 혼자서 모든 걸 진행할 수도 없다. 서로 공유하고 협업해서 새로운 것을 만들어야 한다.

마지막으로 4차 산업 혁명 시대에는 우리가 알고 있는 대부분의 지식들은 이미 전부 공유되어 있을 것이다. 따라서 조직에서도 서열을 기준으로 정보를 공유해서는 안 된다. 신입 사원도 어떤 분야에서 전문적인 재능이 있다면, 그 젊은 재능을 선배 사원의 경륜과 경험에 융합시켜 새로운 것을 만들어야 한다. 나이가 숫자에 불과하려면 새로운 변화에 민감하게 반응하고, 배워야 한다. 가부장적 사고와 수직적 정보 공유는 모두에게 걸림돌이 된다.

평생직장이 아닌 평생직업으로: 잘하고 좋아하는 일을 찾아라!

평생직장의 시대는 끝났다. 대기업도 예외는 아니다. 또 '다른 사람만큼만 하면 중간은 간다'라는 관리적 시대도 지나갔다.

1960~1970년대 : '블루칼라 시대', '산업화 시대', '생존의 시대'였고, 생산 목표 달성의 '산업 사회'였다. 그 시절에는 그저 직장이 있다는 것 자체가 감사하고 고마운 시대였으며, 기업의 유니폼을 입고 출근하는 것이 자랑이었고 보람이었다.

1980~1990년대 : '화이트칼라 시대', '디지털 시대', '경쟁의 시대'였다. 기업의 생존과 발전을 위해 업계 간 치열하게 경쟁하였던 '경쟁 사회'의 시대였던 것이다. 또 손자병법(孫子兵法)이 기업 경영에 대히트를 치던 시대였으며, 성과를 위해서는 하루 24시간 일을 해도 그렇게 해야 하는 것이 당연한 줄 알았던 시대였다.

2000년대 : '밀레니엄 세대', '정보화 시대', '노웨어(Know-where) 시대'로

79

웹을 기반으로 한 무한 지식의 공유 시대였다. 경영의 IT화(ERP, XRP, DRP, SCM 등)로 '차세대 산업 혁명 시대'라고도 하였다.

2010~2022년 : 현재는 '4차 산업 혁명 시대', '골드칼라 & 핑크칼라 시대'라고 불리며, 사물 인터넷(IoT), 융합 기술, 脫 제너레이션(Generation) 등 반짝이는 아이디어와 인간의 감정까지 나타낼 수 있는 섬세한 코딩 작업의 시대가 열렸다. 앞으로는 '직장에 얽매여 일한다'라는 개념이 사라질 것이다. 또 명문대학교 졸업장만 가지고 취업할 수 있는 시대, 다람쥐 쳇바퀴 돌 듯 출퇴근하고 시키는 일만 성실히 하면 보수가 나오는 시대는 끝났다. 특히 규정과 규율을 관리하는 대부분의 직무는 IT로 대체될 것이며, 젊은이들의 '워라벨'을 위해 공무원 직업도 과거와 다르게 많이 변화할 것이다. 따라서 빠르게 변하는 시대의 흐름에 맞춰 준비하여야 한다.

20년 전, 삼성에 재직할 때의 일이다. 당시 미래에 대한 호기심이 많아 매일같이 관련 서적을 읽고 관련 세미나를 쫓아 다녔다. 또 머릿속으로는 항상 기업 내 조직 대부분이 아웃소싱[8]화될 것이고, 1인 기업의 시대가 열릴 것이며, 생각이 곧 현실이 되는 시대가 올 것이라고 생각하였다. 그래서 당시 상사였던 과장에게 물류의 자동화와 정보화로 전국 대리점에 전자 제품의 재고를 두지 말고 샘플만 비치한 뒤, 손님이 주문하면 물류 센터에서 직접 발송하는 방식으로 가자고 제안하였다가 '할 일이 그렇게 없냐'고 면박을 받은 적이 있었다. 물류의 흐름을 20년 빠르게 파악한 덕분에 엉뚱한 공상을 하는 사원이 된 것이다.

---

8) 기업 업무의 일부 프로세스를 경영 효과 및 효율의 극대화를 위한 방안으로 제3자에게 위탁 처리하는 것을 뜻한다.

하지만 이제 골드칼라 & 핑크칼라 시대가 왔고, 20년 전에 내가 생각한 일들이 현실이 되고 있다. 또 여전히 가까운 미래에는 기업 내 조직 대부분이 전문 분야별로 아웃소싱화될 것이며, 출퇴근은 없어지고, 기업에서도 직원보다는 분야별 전문가인 프리랜서나 1인 기업을 찾을 것이라는 생각은 변함이 없다.

26살, 다시 자신의 꿈을 위해 새로운 도전을 해 보고 싶다는 딸아이의 말에 돈을 벌기 위한 직업을 찾지 말고, 지금 하지 않으면 후회할 것 같은 일, 정말로 원하고 하고 싶은 일을 하라며, 그렇게 하라고 하였다.

좋아하는 일이 아닌, 돈을 벌기 위해 일을 한다면 절대로 프로가 되지 못한다. 앞으로 어떤 분야든 프로가 아니면 살아남기 어려운 시대가 올 것이다. 따라서 평생직장이 아닌 평생 할 수 있는 업(業)을 찾는 것이 매우 중요하다.

재취업 십계명,
제대 1년 전이 골든타임이다!

취업 준비 기간은 준비할 수 있는 기간이 짧아 조바심을 내며 준비하는 것보다는 여유를 가지고 준비할 수 있도록 기간을 길게 잡아 준비하는 것이 좋다. 즉 시간적 여유를 충분히 두고 준비해야 하는 것이다.

직보 기간은 복무 기간에 따라 개인마다 다르지만, 10년 이상 장기 복무한 제군들에게는 최대 1년의 기간이 주어진다. 따라서 전역 전에 주어지는 1년의 시간은 현역 때보다 전직에 집중할 수 있는 시간이고, 이 시간이 바로 재취업의 골든타임인 것이다. 그렇기에 제군들은 이 직보 기간을 최대한 활용하여야 한다.

제군들은 회사에 신입 사원으로 처음 입사하는 것이 아니다. 바로 '전직', 즉 '재취업'을 통해 입사를 할 준비를 하고 있는 것이다. 따라서 이번에는 재취업을 위해 명심해야 할 10가지를 설명해 보겠다.

1. 눈높이를 낮추어라!

군에서 간부로 있었다고, 직장도 간부로 들어갈 수 있는 것은 아니다.

직무를 수행하기 위한 역량이 없으면 나이가 많든, 군에서 간부로 있었든, 무조건 신입이다. 신입은 회사에 기여하는 바가 적기에 급여도 적다. 따라서 처음에는 하나씩 배워간다는 마음으로 보수나 직책을 따지지 말자. 좋아하는 일을 배우면서 돈을 받는다는 것만으로도 멋진 일 아닌가? 또 대기업보다는 지역에 있는 강소기업, 중소기업을 공략하자. 제군들의 역량이 10이라면 7~8 정도를 원하는 회사를 찾아야 입사할 확률이 높아진다.

2. 취업 준비를 다시 하라!

이력서와 자기소개서 작성 방법을 다시 배워라. 기업의 입장에서 직원 채용은 큰 모험이다. 이력서와 자기소개서, 그리고 단 몇십 분간의 면접을 통해 그 사람의 역량, 열정, 인격, 신뢰 등 모든 것을 파악해야 하기 때문이다. 그러므로 한 글자 한 글자 정성을 다해 작성하여야 하며, 이때 거짓으로 작성하지 않아야 한다. 면접관이 던지는 질문들은 제군들이 작성한 이력서와 자기소개서를 바탕으로 하는 질문들이기에 거짓으로 작성한다면 금방 들통나고 말 것이다. 제군들이 신병을 모집하는 모병관이었다 할지라도, 면접관으로 있을 때와 면접 대기자로 있을 때는 분명히 다른 상황이다. 철저하게 준비하여야 한다.

3. 가족들의 지원을 받아라!

군 복무 시절, 군에서 하던 업무 및 정보는 국가와 관련된 내용이기에 가족들에게 함부로 얘기할 수가 없었다. 그러나 이제는 제군들의 모든 것을 오픈하고 공유해도 된다. 제군들의 실패와 성공에 있어 가장 든든한 후원자는 바로 가족이기 때문이다. 따라서 제군들보다 사회에 훨씬 빨리 뛰어들어 사회에 대해 더 잘 알고 있는 가족들과 충분히 상담하고 정보를 공유해서 결정하는 것이 좋다. 취업에 실패하여도 '파이팅' 하며 위로 해주는 것은 가족뿐이라는 사실을 꼭 기억하자.

4. 전역 후 먼저 취업한 제군들을 찾아 네트워크를 구축하라!

전역하고 찾으면 늦는다. 반드시 현역으로 근무할 때, 제군들이 하고 싶은 직무에 먼저 들어간 선배들을 만나서 정보를 들어야 한다. 이때 제 군들이 가장 많이 하는 실수가 있다. 바로 '채용 계획이 있으면 연락해 달라'고 부탁하는 것이다. 사회에서 부탁은 빚을 의미한다. 그러므로 선 배들을 만나서 취업에 관련된 부탁은 절대 하지 말자. 제군이 그 회사에 입사하고 싶다면, 취업을 위한 준비와 조언만 부탁하고 나머지는 구인 정 보를 통해서 직접 찾아야 한다. 취업을 위한 네트워크와 사교 모임을 위 한 네트워크를 절대로 혼돈하지 말자. 또 정기적으로 모여 서로의 안부 를 묻고, 취미 생활을 공유하는 네트워크보다는 취업에 관련된 네트워크 를 찾는 것이 중요하다.

인터넷에 '취준생 모임'을 검색해 보자. 많은 사이트들이 보일 것이다. 그중 회원 수가 가장 많은 곳에 회원가입을 하고 온라인 또는 오프라인 을 통해 정보 교류 네트워크를 만들어 정보를 모아 보자. 어떤 사이트에 서는 실제 기업에 근무하는 직원들이 회사의 민낯(급여, 근무 시간, 불만사항, 복지 등)을 이야기하기도 한다.

5. 제2의 인생, 내가 하고 싶고 잘할 수 있는 직업을 찾아라!

앞에서 수없이 말해 온 내용이다. 군 보직과 연관되는 직무가 있다 면, 그중에서 잘할 수 있는 직무를 찾아보고, 없다면 좋아하는 일을 찾 아보자.

국가보훈처 제대군인지원센터, 여성일자리 지원센터, 고용노동부 등의 홈페이지에 접속하여 취업을 위한 제도에는 어떤 것들이 있는지 조사해 보고, 찾아가서 상담도 받아보자. 찾아갈 시간이 없는 제군들은 '워크넷 (www.work.go.kr)'이라는 사이트에 들어가면, 무료로 '직무 검사'를 받아 볼 수 있으므로 시간 내어 한 번 해 보는 것을 추천한다. 또 미국의 심리학자 '로저 버크만(Roger Birkman)'이 만든 '버크만 검사'를 활용하여 개인의 성격에 따른 직무 적성 검사를 해주는 전문 업체도 있으니 참고하도록 하자.

6. 기업에 들어가서 어떤 기여를 할 수 있는지 스스로 생각해 보라!

경기가 어려울수록 기업은 회사의 매출 증대나 비용 절감을 통하여 이익 창출이 가능한 인재를 찾는다. 만약 군 복무 시절 놀라울 만큼 비용을 절감한 업무가 있다면, 입사하고 싶은 기업에서 그와 연관되는 직무를 찾아 그때의 성과를 자기소개서에 어필해 보자. 입사하여 기업의 성과에 기여할 수 있는 제군만의 강점을 차별화시켜 소개하는 것이다. 이때 제군들이 신경 써서 어필해야 할 강점은 '경험'과 '노하우'이다.

7. 지원하려는 회사에 대해 충분히 파악하고 지원하라!

지원하기에 앞서 지원하려는 회사의 '당면 문제'나 '주력 사업'은 기본적으로 알고 가야 한다. 따라서 회사와 관련된 기사를 인터넷이 아닌 신문, 매거진 등을 통해서 모두 찾아라. 신문이나 매거진은 기사가 실리기까지 여러 사람이 사실 여부를 확인하여 검증된 내용만을 싣는다. 반면 인터넷에서 쉽게 찾은 내용들은 정확한 사실 여부를 파악하기 어렵기 때문에 자칫하면 잘못된 정보를 얻을 수도 있다.

85

8. 취업박람회, 채용박람회에 찾아가라!

공공기관에서는 1년에 상하반기 1회씩, 2번의 취업박람회를 개최한다. 이때 참가한 기업의 상담 코너에 방문하여 구직 상담을 받아 보자. 각 기업 부스 안에 있는 직원들 대부분은 인사 담당자이기 때문에 제군이 오게 된 이유를 솔직하게 말하고 조언을 구한다면, 기꺼이 취업을 위한 조언을 해줄 것이다. 또 현장에서 원하는 직무의 회사를 발견하였다면, 입사지원서를 내고 면접을 보는 것도 좋은 방법이다. 그 회사에 근무하고 있는 직원과 대화해 볼 수 있는 좋은 기회이기 때문이다. 대기업을 제외한 중소기업이나 중견기업은 그 직무를 맡고 있는 부서장이 나와서 면접을 보는 경우가 많으며, 면접관의 질문이 그 직무에 필요한 역량이다.

이렇듯 짧은 시간에 많은 회사를 방문할 수 있고, 다양한 직무도 만나볼 수 있다. 또 유사한 직무들을 모아 보면 그 직무의 근무 조건, 급여 형성 분포를 파악하는 등 많은 도움이 된다.

9. 실행하기 쉬운 것부터 시작하자!

앞서 읽은 내용을 통해서 이런 방법들은 해볼 수 있겠다 싶었던 것들이 있었을 것이다. 그렇다면 머리로만 생각하지 말고 바로 'PLAN-DO-SEE'(계획을 했으면 실행하고, 결과에 문제가 있으면 원인을 찾아 보완하라) 계획을 세워 실행에 옮겨 보자. 거창한 계획이 아니어도 좋다. 매일 새벽에 일어나 1시간씩 운동을 하겠다고 생각하였다면 이것부터 시작해 보자. 건강한 신체에 건강한 정신이 깃든다. 또 건강과 부지런함을 몸에 익히도록 하는 것도 취업과 성공의 조건이다.

10. 몸값을 올리려면 기업에서 필요로 하는 역량을 배양하라!

직무를 수행을 하는 데 필요한 자격증이나 어학 점수 등이 있다. 기업에 따라 입사 지원 자격에 필수 또는 우대 조건을 두는데, 이 조건이 바로 그 기업에서 직무를 수행하기 위한 기본 조건이라는 뜻이다. 또 기업에서 요구하는 자격증, 교육, 어학 점수 등을 가지고 입사하여 근무 경력을 쌓아 나간다면, 나중에 진급을 하거나 이직을 하여 연봉과 직책을 협상할 때 유리한 위치를 점할 수 있게 된다. 그러므로 지원하고 싶은 직무에 기업이 원하는 자격증과 교육이 있다면, 반드시 취득 및 이수하는 것이 좋다.

국가 자격증은 1년에 2~3회 시험을 보기 때문에 일반 학원들도 당해 취득을 목표로 개강을 한다. 만약 상반기에 자격증 취득에 실패하였더라도 하반기에 한 번 더 기회가 주어지니 너무 낙담하지 말자. 또 자격증 취득 목표 기간은 가능하면 짧게 잡는 것이 좋다. 목표 기간을 길게 잡게 되면, 긴장감이 풀려 공부를 해도 머릿속에 잘 들어오지 않기 때문이다. 따라서 제대 전, 짧은 기간 안에 원하는 자격증을 꼭 따고 나가겠다는 목표를 세우는 것이 좋다.

제대를 몇 개월 남겨두지 않고 취업이나 창업을 준비하면 조바심이 생겨 판단에 오류가 생긴다. 제대 예정일이 12월이라면 8월의 여름휴가가 재미있을까? 불안해서 휴가비도 쓰지 못할 것이다. 따라서 전직 준비는 전역 1년 전부터 차근차근 준비하여야 한다.

앞에서 언급한 '재취업 십계명'은 전문가들이 말한 '현장 입증'된 내용이다. 현장 입증이란 많은 사람들이 이를 통해 취업하였다는 말이니, 제군이 할 수 있다고 생각하는 것부터 한 가지씩 실천에 옮겨 보자.

제대 군인만을 위한 전직지원센터

국가보훈처 제대군인지원센터에서는 5년 이상 복무한 제대 군인의 전직을 위해 각종 지원을 하고 있다. 여기서는 어떠한 지원이 있는지 간단하게 설명하겠다.

교육 훈련(비) 지원

온·오프라인 교육 훈련 및 교육비를 지원해 준다. 이때 오프라인에서 지정한 학원을 통해 무료로 교육을 들을 수도 있으며, 다른 학원에서 지출한 학원비를 지원해주기도 한다. 다만 지원 한도 금액 내에서 지급되며, 본인 부담금을 제외한 나머지 금액 전부를 지급한다.

전직 지원금[9]=(실업 급여)[10]

연금을 받지 않는 중장기 제대 군인은 전역 후, 취업을 하지 못하여 지원금을 신청하면 전직 지원금이 지급된다. 다만, 본인이 직접 신청해야 하며, 복무 기간에 따라 매월 지급되는 금액은 조금씩 다르다.

 ※ 군인들은 전역 후, 고용노동부에서 실업 급여를 신청할 수 없다. 복무 시절 고용보험을 내지 않았기 때문이다.

취업 지원

제대 군인을 우대하는 직무나 군인들에게 맞는 취업 일자리를 발굴하여 구직을 준비 중인 제군들에게 채용 정보를 문자로 알려준다(등록 회원에 한함). 또 입사 지원을 위한 이력서 및 자기소개서도 기업 직무에 맞게 컨설팅해주며, 채용 추천 및 서류 전형 합격 시 기업 협력팀에서 동행 면접도 지원해 준다.

---

9) [지급 대상] 5년 이상~19년 6개월 미만(연금 미수급자) 복무하고 전역한 미취업 상태의 제대 군인(제대군인지원센터에서 회원 등록을 마친 사람에 한함)에게 지급한다(최대 6개월).
 [주의사항] 전역한지 6개월 이내에 신청하여야 한다. 6개월이 지나면 신청할 수 없다.
10) 실업 급여는 '입사 후 6개월(180일) 이상 근무', '4대 보험 가입', '비자발적 퇴사' 이 3가지 조건이 충족되어야 수급된다.

위 내용은 5년 이상 근속한 제군에게만 해당된다. 인터넷(www.vnet. go.kr)에 접속하여 회원가입(군인만 가능)을 하면, 전담 상담사가 배정되어 연락이 올 것이다. 이 외에도 다양한 지원 혜택이 있으니 홈페이지에 접속하여 확인해 보고 궁금하거나 이해가 되지 않는 사항들은 제군들의 주소지에 있는 제대군인지원센터로 연락하여 물어보면 된다. 상담사들이 친절하게 안내해 줄 것이다.

병과와 직무에 대한 이해

육해공군의 병과를 모두 열거하여 기업 직무와 연결해 보거나 관련 우대 자격증에는 어떠한 것들이 있는지 나열해 보는 것이 가장 좋은 방법이지만, 그것만으로도 책 한 권은 써야 하기에 병과와 직무만을 크게 묶어서 나열하려고 한다.

먼저 입사하고 싶은 회사를 정하는 것보다 군 복무 시절 담당하였던 보직과 유사한 기업 직무를 찾는 것이 중요하다. 이때 똑같은 직무가 아니어도 상관없다. 그저 제군들이 군에서 담당하였던 보직과 조금이라도 비슷한 직무를 찾으면 된다. 많은 제군들이 '급여＞회사＞직무' 순으로 일자리를 찾아보고 취업을 준비한다. 물론 회사를 다니는 데 있어서 급여는 매우 중요하다. 그러나 좋아하지도 않는 일을 하며, 20대와 같이 신입 사원으로 출발할 수 있겠는가? 전혀 모르는 일을, 또 좋아하지도 않는 일을 새로 시작하면 많이 힘들어진다.

여기 표 하나를 만들어 보았다. 제군들은 본인이 가장 오래 해본 일에는 어떤 것들이 있는지 적어 보고, 그것과 가장 유사한 직무를 찾아보자.

직무	하는 일	가장 오래 해본 일
기획	과거와 현재의 시장을 분석하여 미래를 예측하고 계획을 세우는 일. 고객들의 니즈, 소비 트렌드, 경쟁 등을 분석하고 카테고리화하여 미래 설계	
영업	매출 목표 설정, 판매 전략 수립, 공급 일정 수립, 매출 관리, 수금 관리	
자재 구매	생산에 필요한 부품을 생산 일정에 맞춰 발주하고 생산에 공급하는 일(재고 관리, 발주 관리, 원가 관리, 품질 관리)	
생산	영업 계획에 맞춘 제품 생산 (품질 관리, 원가 관리, 일정 관리)	
물류	판매 일정에 맞춘 제품 공급 (재고 관리, 유통 품질 관리, 물류 비용 관리, 납품 관리)	
인사총무	직원 관리(입·퇴사, 근무 태도, 인사 평가 등), 건물 관리, 비품 관리, 집행 예산 관리, 각종 행사 관리	
경리, 회계	예산 편성, 자금 확보, 자산 관리, 세무 관리, 자금 운영, 매입·매출 관리	

　　제군들은 'ERP(Enterprise Resource Planning)[11]'라는 기업 전산 프로그램에 대해 들어 본 적이 있을 것이다. 이 시스템이 바로 기업 내에서 부서 간의 업무 연결 타이밍을 자동으로 계산해 주는 전산 프로그램이다. 기업의 모든 일은 시간과 연계되어 움직이므로, 이를 전산 시스템이 계산해 주는 것이다. 기업은 시간과 일정을 기초로 움직인다. 따라서 기업의 업무 프로세스(절차)를 알면, 취업 후 업무 수행에 많은 도움이 될 것이다. 만약 입사 후 ERP 시스템 구축 기회가 생긴다면 무조건 지원하라.

11) ERP : 전사적 자원 관리라고 부르며, 경영 정보 시스템의 한 종류로 기업 내부의 시스템뿐만 아니라 공급, 고객 등 모든 자원을 통합적으로 관리하는 시스템이다.

회사의 모든 업무 흐름이 한눈에 보일 것이며, 각 부서의 몰랐던 문제들도 보일 것이다. 또 그 문제들을 해결하기 위해 나선다면 부서를 대표하는 핵심 직원이 될 것이다.

많은 사람들이 힘들게 들어간 회사를 그만두고 나오는 가장 큰 이유는 적성에 맞지 않는 직무 때문일 것이다. 반대로 적성에 맞는 일을 하면 좋아하고 잘하는 일이기에 스트레스도 덜 받고, 사람들에게 인정도 받는다. 여기에 우수한 성과까지 낸다면, 진급도 하고 직위도 변하게 된다. 즉 라이프 스타일(Life style)이 바뀌는 것이다. 그렇기 때문에 급여 조건보다 먼저 제군들이 잘할 수 있는 일이나 잘하던 일(군 보직)을 1순위로 두라고 권하는 것이다.

직무에 대한 공부를 하기 위해 여러 권의 책을 읽어 보던 중 이윤석 저자의 「기적의 직무코칭」이라는 책이 기업의 직무를 가장 세분화하여 설명하고 있었다. 기업의 직무를 좀 더 상세히 알고 싶은 제군들은 이 책을 참고해도 좋을 것 같다.

취업을 위해 꼭 준비해야 할 3가지 :
공부, 독서, 선택

제군들의 취업을 조금 더 전문적으로 지원하기 위해 취업과 관련된 여러 권의 서적들을 읽어 보던 중, 기억에 남는 글이 있어 인용해 본다.

'인생은 속도가 아니고 방향이다. 방향이 정해지면 시간 활용의 밀도가 3배 좋아진다[12]'

❯ 공부

'공부해라', 우리가 평생을 들어 온 말이다. 세월이 흐르고 나이를 조금씩 먹어갈수록 평범한 사람이 출세할 수 있는 유일한 탈출구는 공부뿐이라는 것을 어렴풋이 깨닫게 되었다. 물론 제군들이 고3 수험생처럼 밤을 새가며 공부할 수 있는 나이는 아니다. 또 그렇게까지 할 필요도 없다. 하지만 제군들의 기술과 능력을 대변해 줄 객관적인 자격증 하나 정도는 가지고 있어야 채용 담당관에게 어필하기가 유리하다. 그래서 직보

---

12) 이윤석, 『기적의 직무 코칭』, 조선북스, 2014.

기간이나 여가 시간에 미리미리 제군들의 기술과 능력을 대변해 줄 수 있는 자격증 취득을 위해 도전해야 하는 것이다. 근무하는 부대가 외지에 있어 인근에 학원들이 없다면, 온라인 강의로 교육을 듣고 자격증을 취득하면 된다. 더욱이 요즘에는 코로나19로 인하여 온라인으로 수업을 진행하는 곳이 많아지고 있다.

국가기술자격증은 주말에 집합 시험을 본다. 보통 점심시간 이후에 시험이 진행되기 때문에 가능한 점심을 먹지 말고, 물도 많이 마시지 말고 입실하는 것이 좋다. 시험 도중 화장실에 가게 되면 재입실이 불가능하여 그대로 시험 응시가 종료되기 때문이다. 따라서 시험을 마치고 편안한 마음으로 식사를 하는 것이 좋다.

글로벌 환경은 네트워크라는 시스템을 통하여 하나의 공동체처럼 묶여 있다. 그 결과, 주변 환경도 브레이크 없는 자동차처럼 빠른 속도로 변해가고 있다. 기업 역시 생존과 성장이라는 과제를 풀기 위해 변화와 적응에 총력을 기울이고 있으며, 이에 적합한 인재를 계속해서 선발하고 있다. 그러므로 제군들 역시 공부를 게을리하여서는 안 된다. 준비된 자는 기업에서 언제라도 모셔가려고 하기 때문이다.

'미래는 준비된 자에게 기회를 준다' 이 말을 꼭 가슴 깊이 담아두자.

❷ 독서

리더(Leader)는 리더(Reader)가 되어야 한다. 가장 좋은 자기 계발법은 바로 독서이다. 책을 읽는 것은 습관이 되어야 하며, 그 습관은 인내심, 배려심, 직관력, 이해력, 창의력 등 많은 것들을 갖게 한다. 그리고 이 모

든 것들은 취업을 준비하거나 직장 생활을 하는 데 있어서 많은 도움이
된다. 따라서 한 달에 4권의 책을 목표로, 오늘부터 매주 1권의 책을 읽
도록 하자.

어떤 작가는 책을 읽어야 하는 이유 중 하나가 잘난 척 하기 위해서
라고 한다. 오늘날은 아날로그 세대부터 디지털 세대, 정보화 세대, 밀레
니엄 세대까지 가장 다양한 세대가 하나의 조직에서 함께 일하는 시대이
다. 이는 일반적인 세대 차이가 아니라 사고 자체가 아예 다른 세대와 함
께 일해야 하는 것을 뜻한다.

최근에는 90년생들이 신입 사원으로 입사하고 있다. 50대 중반의 제
군들은 자녀와 비슷한 또래의 젊은이들과 함께 일하게 된 것이다. 따라서
젊은이들과 원활하게 소통하는 것이 매우 중요한데, 군 생활의 경험만으
로는 세대 간, 조직 간의 소통을 이끌어 낼 수 없다. 이들과 원활한 소통
을 하기 위해서는 많은 것을 알고 있어야 하며, 알기 위해서는 독서를 해
야 한다. 가장 적은 비용으로 엄청난 지식을 얻을 수 있는 유일한 방법이
바로 독서이기 때문이다.

TIP

> 자녀들과의 원활한 소통을 위해서라도 윤영철 저자의 「90년생과 일하는 방법」
> 을 추천한다.

⊙ 선택

우리의 삶은 종종 두 개의 갈림길 앞에서 선택해야 할 때가 있다. 하
나의 갈림길은 '중요한 일', 또 하나의 갈림길은 '시급한 일'이다. 만약 제

군들의 눈앞에 이 두 개의 갈림길이 존재한다면, 제군들은 어떤 길을 선택하겠는가? 중요한 일은 지금 하지 않으면 미래에 영향을 주는 것이고, 시급한 일은 지금 하지 않아도 미래에 영향을 주지 않는 것들이다. 예를 들어보자. 제군들은 지금 공부를 하는 것과 밥을 먹어야 하는 두 가지 일 중 어느 것이 더 중요한 일이고, 어느 것이 더 시급한 일이라고 생각하는가? 대부분의 제군들이 공부를 중요한 일로, 밥을 시급한 일로 생각했을 것이다. 지금 공부를 하면 미래가 바뀔 수도 있기 때문이다.

어느 것을 선택해야 할지 판단이 어려울 때는 '어떤 선택이 미래에 영향을 줄까?'를 생각해 보면 된다. 아침에 눈을 뜰 때, 지금 일어나서 출근 준비를 할 것인지, 30분 더 자고 지각을 할 것인지, 또 취업을 위해 학원을 갈 것인지, 친구들과 놀러 갈 것인지, 찰나의 선택이 제군의 미래를 바꾼다.

대부분 사람들이 시급한 일을 중요한 일로 혼돈하고 발등에 떨어진 불을 끄기에 바쁘다. 그렇기에 항상 바쁘며, 열심히 사는데도 삶에 변화가 없다고 한탄하는 것이다. 따라서 앞으로 중요한 일과 시급한 일 중 선택을 해야 한다면, 어떤 선택이 나의 미래에 영향을 줄지 반드시 생각하자.

선택이란, 잘못할수록 좋다. 그래야 새로운 것이 나온다.
삶이란, 아침에 눈을 뜨면서부터 선택으로 시작해서 선택으로 하루를 마감한다.

항상 옳은 선택을 하면 좋겠지만, 그렇지 못할 때도 있다. 손해도 보고, 마음도
상하고, 다투기도 하고, 후회도 한다. 하지만 아빠는 옳은 선택보다 틀린 선택
에서 얻는 것이 훨씬 많았던 것 같다.

나중에 너희가 늙어 지금의 내 나이가 된다면, 성공보단 실패의 경험이 자식들
과 대화를 할 때 더욱 재미난 이야깃거리가 될 거다. 그러니 지금 잘못된 선택
으로 후회나 손해를 보았다면, 그건 너의 인생 노트에 멋진 스토리가 하나 더
생긴 것이다. 그냥 쓰고 다음 장으로 넘기면 된다.

세상에 가장 위험한 사람은 무엇을 하든지 성공하는 사람이다.
넌, 그런 사람이 되지 않았으면 한다.

Chapter 4
인사부장의 면접 체크 노트

200% 취업 성공의
4가지 핵심 요소

핵심 ① 1분 자기소개 준비

　규모가 있는 회사는 직원 채용 시 많은 지원자들이 몰리기 때문에 단체 면접을 본다. 또 면접관들 대부분이 중견 간부이거나 임원급의 직책을 맡고 있는 사람들이기에, 수많은 이력서와 자기소개서를 다 읽어보지 못하고 면접장에 오기도 한다. 그래서 면접관들 앞에서 자기소개를 해 보라고 요구하기도 하는데, 이때 면접관들은 지원자의 준비성, 논리력, 발표력, 자신감 등을 확인한다. 따라서 이 짧은 시간 안에 면접관들의 눈에 띄는 자기소개를 하는 것이 매우 중요하다.

　1분 자기소개서, 즉 제군을 소개하는 글을 한번 써 보자. 여기서 핵심은 1분 안에 강한 인상을 심어줄 수 있는 단어의 선택과 진실만을 적어야 한다는 것이다. 또 제군이 하고 싶은 말이 아닌, 상대가 듣고 싶어하는 말을 써야 한다. 이때 인터넷에서 떠도는 자기소개서를 따라하지 말자. 면접관들은 수십 번의 면접을 진행하며, 수백 명의 지원자를 만나 본 프로들이다. 제군이 진실을 말하는 것인지, 학습된 내용으로 자기소개를 하고 있는 것인지 금방 안다. 인터넷상에서 떠도는 표준 자기소개서는 표현 단어를 선정할 때만 참고하고 내용을 베껴서 인용하지는 말자. 면접관들은 제군의 솔직한 이야기를 듣고 싶은 것이니, 제군의 이야기만 하면 된다.

자기소개서를 다 작성했다면, 이번에는 발표 준비를 해야 한다. 거울 앞에서 자신의 표정을 보며 말하는 연습과 제3자의 입장에서 자기소개서에 적은 내용에 대한 질문을 만들어 대답하는 1분 스피치 연습을 해보자. 그래야 꼬리를 무는 당혹스러운 질문에도 침착하게 대답을 할 수가 있다. 이때 거짓 없이 제군들의 경험과 생각을 말한다면, 어떤 질문이라도 충분히 대답할 수 있을 것이다. 또 너무 잘하려고 집착하지 말자. 같이 면접을 보는 경쟁자가 아나운서처럼 대답을 잘한다고 주눅들 필요도 없다. 옆에 있는 경쟁자가 무슨 말을 하는지 신경 쓰지 말고, 제군이 준비한 1분 스피치만 생각하면 된다. 면접장에서 오는 과도한 긴장감은 잘해야 한다는 강박에서 오는 뇌의 긴장이다. 긴장해서 탈락하나, 준비한 모든 것들을 다 보여 주고 탈락하나, 떨어지는 것은 마찬가지다. 그렇다면 신나게 하고 싶은 말을 다 해보고 떨어지는 편이 덜 아쉽지 않겠는가?

마지막으로 면접관의 눈을 정면으로 응시하기 부담스럽다면, 면접관의 미간을 보고 말하면 된다. 마음이 한결 편안해지면서 자신의 말에 조금 더 집중할 수 있을 것이다. 또 질문을 잘못 알아들었다면 '죄송합니다. 제가 긴장을 해서 듣지 못하였습니다. 다시 한번 말씀해 주십시오.'라고 해도 된다. 다시 한번 말하지만, 인터넷에서 떠도는 자기소개서를 외우고 면접장에 가지 말자. 무조건 떨어진다.

지원한 회사에 대해서 조사하고 가는 게 당연한 것 아니냐고 하겠지만, 지원한 회사가 어떤 일을 하는 곳인지, 또 본인의 직무는 무엇인지 등 아무런 조사도 하지 않은 채 면접을 보러 가는 제군들이 의외로 많다. 특히 기관의 추천을 받아 가는 회사일 경우에는 더욱더 그 회사에 대해서 모르고 있었다. 보통 급여, 근무 시간, 회사 위치, 하는 일 정도만 알고 간다. 이정도만 알고 가도 되는 줄 아는 것이다. 그러나 면접관은 저런 것들에 대해서는 한마디도 물어보지 않는다. 그렇다면 무엇을 알아야 하겠는가?

- 내가 지원한 직무에 대해 이 회사에서는 어떤 일을 하는가?
- 회사의 경영 방침이나 원하는 인재상은 무엇인가?
- 회사의 이슈가 될 만한 기사에는 무엇이 있는가?
- 회사의 주력 사업과 신규 사업은 무엇인가?

조사한 내용을 바탕으로 자기소개서를 작성하고 면접 준비를 해야 한다. 이와 관련된 내용은 '쉿! 아무도 알려주지 않는 취업 비밀Ⅱ: 자기소개서' 편에서 자세히 다루도록 하겠다.

보통 면접에서 많이들 떨어진다. 그리고는 기관에 돌아와서 '왜 이런 곳을 추천해 줬냐'며 짜증을 내는 제군들도 간혹 있다. 그러나 기관에서는 그저 직업을 찾아주고, 지원자가 있을 때 채용 추천을 해주는 게 전부이다. 면접을 보는 것은 오로지 본인 스스로의 몫인 것이다. 따라서 지원한 회사와 직무에 대해 충분히 파악하고 면접장에 가는 것이 중요하다.

제군이 작성한 자기소개서를 바탕으로 면접관의 예상 질문을 파악하여 짧고 명확한 답변서를 만들어 보자. 이때 답변은 결론부터 말하는 것이 좋다.

면접 시간은 길지 않다. 면접관은 짧은 시간을 통해 제군에 대해 많은 것을 파악해야 한다. 반대로 면접자는 이 짧은 시간 안에 면접관에게 자신을 어필하여 깊은 인상을 남겨야 한다. 이는 시간을 어떻게 활용하느냐가 매우 중요하다. 따라서 면접관의 질문에 대답할 때는 '서론-본론-결론'의 방식이 아닌 '결론-본론-서론'의 순서로 대답하는 것이 좋다. 전자의 경우로 대답하면 말이 많아지고 시간도 길어져서 좋지 못한 인상을 주기 때문이다.

질문 예 : 본인의 장단점

답변 예 : 저의 장점은 어떤 업무든 진지하고 성실하게 임한다는 것입니다. 군 복무 시절에 사령관도 저의 진중함을 신뢰하여 작전 계획을 항상 저에게 맡겼습니다(사례는 질문하면 하고, 안하면 생략함).
단점은 나이가 많다는 것이지만, 일에 대한 경륜과 경력으로 시뮬레이션을 통한 문제점을 사전에 파악하여 업무의 리스크를 최소화할 수 있습니다(사례는 질문하면 하고, 안하면 생략함).

최근 이슈가 되고 있는 헤드라인 기사, 사회적 이슈와 용어, 그리고 신조어 등에 대한 제군의 생각을 노트로 만들어 정리해 보자.

보통 신문기사 1면에는 헤드라인을 장식하는 사회적 이슈를 싣는다. 이때, 경제와 관련된 1면 기사는 반드시 스크랩(신문사, 날짜 포함)해 두는 것이 좋다. 또 사회적 이슈가 되는 기사는 전문 논설위원들의 해박한 지식으로 그 사건에 대한 견해를 쓴 '논설'이 있다. 이 논설 역시 해당 사건 기사 옆에 같이 붙여두자. 만약 지원하려는 회사와 연관되는 기사(예 지원 회사가 화학제품 생산 회사인데, 일본 경쟁 회사 공장에 불이 나서 정상 복구하는 데에 1달 이상의 기간이 필요하다)가 있다면 반드시 스크랩해 두고, 회사에 어떤 영향을 미칠지도 생각해 보는 것이 좋다.

또 현재 정부의 부동산 정책에 대한 사회적 견해, 시사평 등과 함께 정부의 뉴딜 사업의 의미와 지원하려는 회사의 사업과 연계할 수 있는 것에는 어떤 것들이 있는지 찾아보고, 자신의 견해를 정리해 보자. 제군이 간부로 회사에 지원한다면, 간혹 시사에 대해 질문하는 면접관들이 있을 것이다. 이는 시대의 흐름에 관심을 가지고 있는지를 파악하기 위한 질문이다. 기업은 시대의 흐름에 적응하지 못하는 사람은 채용하지 않는다.

- 팬데믹(pandemic) : 전염병이 전 세계적으로 크게 유행하는 현상
- 언택트(Untact) : 콘택트(contact : 접촉하다)에서 부정의 의미인 언(un-)을 합성한 단어
- 편리미엄 : 편리함이 프리미엄이 되는 시대를 의미하는 신조어, 대표적인 단어는 밀키트
- 레이어드홈 : 코로나 이후 집콕이 늘면서 집의 기능이 레이어(층)처럼 더해지며 변하는 현상
- MZ 세대 : '밀레니엄 세대(M)'와 1990년대 중반부터 2000년대 초반 출생한 'Z 세대'를 이르는 말
- 앰비슈머(Ambisumer) : 양면성(ambivalent)과 소비자(consumer)의 합성어로 우선순위에 들어 있는 것에는 돈을 아끼지 않지만 후순위에 있는 것에는 최대한 돈을 아끼는 소비자를 뜻하는 말
- 롤코라이프 : 롤러코스터를 타듯 자신의 삶을 즐기는 Z세대의 라이프 스타일을 가리키는 말
- 숏케팅 : 숏(Short)과 마케팅(Marketing)의 합성어로, 단기간 내 화제성을 이용해 브랜드 인지도를 높이는 전략

쉿! 아무도 알려주지 않는
취업 비밀 I : 이력서

이번 장에서는 이력서 작성에 대한 내용을 간단하게 설명하고자 한
다. 이력서는 통상 작성 방법에 따라 '학력 위주, 연대 중심, 직무 중심'
으로 분류한다.

학력 위주

학력을 연대순으로 적은 것이다. 경력이 없는 신입 사원, 대학을 갓 졸
업한 사회 초년생들이 많이 쓴다. '인사서식 제1호'라고 문구점에 나와 있
는 양식이다.

연대 중심

관련 업무에 대한 경력 표기용으로 업무의 수행 기간을 표시한다. 구인모집 공고에 '○○경력 ○년 이상자'가 있다면 연대 중심으로 작성한다.

직무 중심

직무 경력을 위주로 적으며, 직무 수행 기간도 함께 적는다. 하지만 연대 중심의 이력서보다는 성과나 실적 위주의 내용을 부각시켜 작성한다. 그렇다면 제군들은 어떤 이력서를 사용하여 작성하는 것이 좋을까? 바로 '직무 중심'의 이력서이다. 군 복무 시절에 지원하려는 직무와 유사한 보직(같지 않아도 됨)을 맡아 달성했던 성과와 포상 등을 위주로 작성하면 된다.

다음은 정비 직무를 예로 작성한 입사지원서이다. 자유 양식의 이력서를 작성할 때 참고하길 바란다.

입 사 지 원 서

지원 분야 : 차량정비 총괄부장

개인 신상			
사진	성 명	홍길동 (한자)	
	생년월일	1900. 00. 00 − 1 (성별구분 코드까지만)	
	주 소	경남 창원시 00구 00동	
	연 락 처	02-000-0000/010-000-0000/honggil@naver.com	
자격 사항		정비기능장	(○○○○년 ○○월 ○○일)
병력 사항		○군 준위 전역	(○○○○년 ○○월 ○○일)

경력 사항(직무)	
1990년 ○○월 ○○일	○○대학 차량 정비과 졸업 (최종 학력만 적는다)
1990년 ○○월 ○○일 ~ 2020년 ○○월 ○○일	○군 정비대대 근무 - 제 1정비창 대형장비 정비반장 - 제 2 수송부 정비교관 신병 정비교육
달성 성과	
1990년 ○○월 ○○일	- 예방 정비를 통한 사고 비용 30% 절감, 안전사고율 50% 감소(사단장 표창 3년 연속 수상)
2020년 ○○월 ○○일	- 운행 중 고장 긴급조치 매뉴얼 제작 및 운전병 교육 실시로 성공적 작전 수행 기여. 매뉴얼 정식 교육 교 재로 선정
특이 사항	
컴퓨터	워드, 엑셀 상급
외국어	영어 중급(일상 대화 가능)
교육 훈련	미국 ○○작전 훈련 3개월 파견

여기 두 개의 이력서가 도착했다. 제군들은 지금 아파트 경비원을 선발하는 채용 담당관이다.

성명	나이	학력	계급	자격증	경력
김○○	58세	경영학 석사	중령	경비 지도사, 지게차, 소방안전2급	△△기업 총무과장 5년
박○○	58세	고졸	원사	태권도2단	○○기업 경비 1년

제군들이라면 아파트 경비원으로 어떤 사람을 선발하겠는가? 아마 대부분의 제군들이 '박○○'을 선택하였을 것이다. 채용 담당관 입장에서는 '김○○' 같은 분들이 조금은 부담스럽고, 얼마 지나지 않아 그만둘 것이라고 생각하기 때문이다. 이처럼 단순한 일자리에는 고학력자를 원하지 않는다.

과거, 회사 경비직 부문 채용 공고를 올린 적이 있는데, 60세 넘은 시니어 제군이 너무나 멋지게 작성된 이력서를 들고 찾아 온 적이 있었다. 그 제군이 작성해 온 이력서를 보니 최종 학력은 행정 석사에 군 전역 후, 기업의 임원으로 근무하던 경력까지 고스란히 적혀 있었다. 그러나 면접관의 입장에서는 경비직 같은 단순한 일자리에 고학력자는 오히려 부담스럽게 느껴진다. 그래서 그 제군의 이력서를 바탕으로 상담을 진행한 뒤, 이력서를 전면 수정하였다. 최종 학력은 고졸까지만 기재하고 임원 근무 경력은 삭제하였으며, 군 보안 부문 경력만 간략히 적어서 지원·접수하였다. 그 결과 경비직 취업에 성공하였다.

반대로 많이 적어야 좋은 직무도 있다. 바로 '경력'이나 '경험'을 요구하는 직무이다. 이때 경력 사항에는 제군들이 지원하고자 하는 분야와 관련된 경력을 적어야 한다. 제군들은 군 복무를 하면서 다양한 경험을 하였다. 그런 경험들을 천천히 되짚어보며 생각나는 일들을 적고, 그중에서 지원한 곳의 직무와 연관되는 업무들을 추려내면 된다. 그러나 본인이 담당한 업무가 어떤 직무와 연관되는지 모르는, 또 못 찾는 제군들도 있을 것이다. 그런 제군들은 직업 상담사의 도움을 받으면 된다. 마지막으로 오랜 근무 경력과 많은 경험들이 있는 제군들과는 달리 전역을 한지 얼마 안 된 제군들은 이력서를 어떻게 작성해야 할까?

군 복무 시설 보급반에 있었다면, 보급품을 보관하는 창고의 시설·설비 관리도 같이 하였을 것이다. 그럼 보급품 관리만이 아닌, 시설·설비 관리도 경력이 되는 것이다. 따라서 시설 관리자 모집 부문에 지원할 때, 보급반에서 근무하였던 기간만큼을 경력 사항으로 작성하면 된다. 이처럼 담당한 업무의 세부 업무나 부가적인 업무를 작성해도 되는 것이다. 또 자격증이 있다면 모두 작성하자. 업무와 무관한 자격증이어도 상관없다. 판단은 면접관이 할 것이다. 만일 가지고 있는 자격증이 아무것도 없다면, 자기소개서에 업무와 관련된 자격증을 준비하고 있다고 적은 뒤, 취업 후 관련 자격증을 취득하면 된다. 이처럼 자격증은 추후 진급하는 데에도 유리하게 적용되기 때문에 반드시 취득하도록 하자.

이력서의 내용은 지원하는 직무와 보직에 해당되는 것만 작성하면 된다. 그러나 전역한 지 얼마 안 된 제군들의 이력서를 받아보면 대부분이 군에서 받았던 표창장을 전부 작성한다. 물론 표창장은 맡은 업무에 최선을 다했다는 성실성과 최선의 성과를 내었다는 것으로 대변될 수 있기에 잘못된 것은 아니다. 하지만 수상 경력을 10줄 가득 쓸 필요는 없다. 제일 큰 상 한두 개만 적으면 된다.

정리하겠다. 이력서 작성은 다음 내용에 원칙을 두고 작성한다.

➲ 구인구직 사이트에서 미리 적어둔 이력서는 반드시 수정하기

'워크넷', '사람인', '잡코리아' 등 구인구직 사이트에 미리 등록해 놓은 이력서를 지원하는 회사에 여과 없이 보내면 무조건 떨어진다. 반드시 지원하려는 회사의 직무에 맞게 이력서의 내용을 수정해서 보내야 한다. 간혹 구인구직 사이트에 적어 놓은 이력서를 수정도 하지 않은 채 채용 담당자의 메일로 보내는 제군들이 있다. 이는 입사를 지원하는 게 아니라 오히려 채용 담당자를 불쾌하게 만드는 행동이다. 채용 담당자들은 이력서의 첫 줄만 봐도 여기저기 막 보내는 이력서라는 것을 안다. 따라서 한 곳만 걸려라는 식의 지원서로 간주되어 접수 즉시 쓰레기통에 버려진다. 정리해 보겠다.

① 워크넷, 사람인, 잡코리아 등 구인구직 사이트에서 미리 작성해 둔 이력서는 해당 사이트에 구인 정보를 등록한 기업에 한해서만 보낸다. 또 해당 사이트에 구인 정보를 등록한 기업이라도 반드시 방금 적은 지원서처럼 직무에 맞게 내용을 수정해서 보내야 한다.

② 이메일을 통해 지원 접수를 받는 기업에게는 워크넷, 사람인, 잡코리아 등 구인구직 사이트에서 작성해 둔 이력서를 그냥 보내면 안된다. 그렇게 되면 본인의 이력서가 채용 담당자에게 아래와 같이 나타난다.

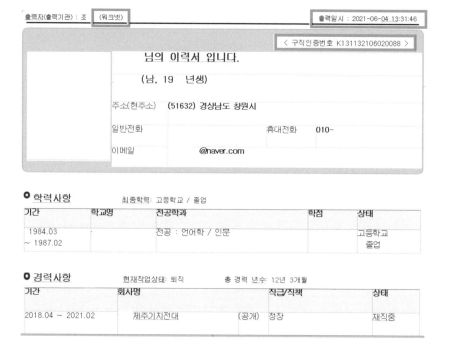

만약 제군들이 채용 담당관이라면 이렇게 보내온 이력서를 보고 어떤 생각이 들겠는가?(▭ 내용이 구직 사이트 이력서임을 나타내는 것) 아마 '구직 사이트에서 작성한 이력서를 수정도 하지 않고 그냥 보낸 분이 우리 회사에서 열정적으로 일할 수 있을까?' 하는 의문이 들지 않겠는가?

● 최신 이력서 양식 사용하기(가능한 컴퓨터로 작성하고 오타 확인 철저, 수기 이력서는 수정액(화이트) 사용 절대 금지)

고령의 제군들은 아직도 문구점에서 파는 이력서 양식에 수기로 작성을 해서 가지고 온다. 물론 수정하지 않고 깔끔하게 작성하는 제군들도 있지만, 수정액을 사용하여 지저분해진 이력서를 가지고 오는 제군들이 더 많다. 지저분한 이력서는 읽기도 전에 마이너스 요인이 된다. 또 수정액을 사용하지 않고 깔끔하게 작성했어도 사람마다 '서체'라는 것이 존재한다. 제군들은 충분히 알아볼 수 있는 서체라고 생각해 작성하였어도 면접관들은 그 서체를 알아보지 못할 수도 있다. 그렇기에 이력서는 가능하면 컴퓨터를 이용하여 작성하는 것이 좋다. 포털 사이트에 '이력서 양식'이라고 검색하면 수백 가지의 이력서 양식이 나오니, 그중 하나를 골라 작성하도록 하자.

● 이력서에 빈칸 두지 않기

일반적인 이력서 양식은 여러 가지 항목들을 만들어 둔 것이므로, 반드시 채워야 하는 내용은 아니다. 적을 것이 없는 항목이 있다면 항목 자체를 삭제해도 된다. 반면 기업 양식의 이력서는 임의로 수정해서는 절대로 안 된다. 적을 것이 없는 항목이 있다면 비워두지 말고 '없음'이라도 적어두는 게 좋다. 또 가지고 있는 자격증이 없어 자격증 항목이 비어 있는 경우, 'OO자격증 취득 준비 중'이라고 적고, 실제로 준비하도록 하자.

● 자격증 모두 적기 & 자격증 취득 동기에 관한 답변 준비하기

자격증 기재 순서는 '직무와 관련된 자격증'을 먼저 작성하고, '취득 난이도가 높은 자격증'은 이후에 작성한다. 이때 연대순으로 작성하지 않아도 되며, 연관성이 없는 자격증은 작성하지 않는 것이 좋다. 그러나 직무와 관련된 자격증이 없다면 취득한 모든 자격증을 작성하도록 하자. 이력서에 공란을 두어서는 안 되기 때문이다. 직무와 관련 없는 여러 개의 자격증 취득은 인사 담당자가 지원자의 직무 정체성에 의문을 가지게 할 수도 있지만, 오히려 자격증 하나 없이 공란을 두는 게 지원자의 도전과 열정에 더욱 큰 마이너스 요인이 될 수도 있다. 또 구직을 위한 성실함이 어필되며, 지원한 회사에서 모집하는 직무 이외에도 자격증과 연관되는 또 다른 직무 구인 기회가 찾아올 수도 있다. 따라서 앞에서 언급한 순서대로 분류하여 작성하는 것이 좋다.

면접을 하다 보면 자격증 취득 동기를 묻는 면접관들도 있다. 이때 당황하지 않고 질문에 답변할 수 있게 미리 준비해 두자.

(질문) 지원한 부서에서 하는 업무는 취득한 자격증과 무관한 업무인데 할 수 있겠습니까?

(답변) 자격증과는 무관한 업무이지만, 저의 직무 경력과 유사한 일이므로 잘할 수 있습니다.

(질문) 그럼 왜 이 자격증을 취득하신 거죠?

(답변) 제가 맡은 업무 이외에도 여러 업무에 대한 지식을 넓혀, 회사에 조금이라도 더 도움이 되는 인재가 되고 싶었기에 취득하였습니다.

이처럼 꼬리에 꼬리를 무는 형식의 질문들을 받을 것이다. 당황하지 않고 일관성 있게 답변할 수 있도록 준비하는 것이 중요하다.

● 경력 사항은 간결하게 팩트(Fact)만 작성하기

지원 부문과 관련 있는 경력·특기 사항, 업무 성과 등을 빠짐없이 작성한다. 만약 관련 있는 경력 사항이 적거나 없으면, 업무 성과를 부각시켜 작성하면 된다. 다만, 경력과 무관한 사항은 작성하지 말자.

● 이력서 내용은 가능한 한글로 작성하기

잘못된 영어 단어를 사용하거나 오타 및 상황과 맞지 않는 사자성어 사용은 안 하느니만 못하다. 외국계 기업 및 영문 이력서만 지원받는다고 공지한 기업이 아닌 이상 맞춤법, 띄어쓰기 등에 각별히 유의해 한글로 작성하자.

● 거짓 없이 작성하기

위에서 언급했듯이, 꼬리 물기식의 질문을 하는 면접관들도 있다. 따라서 이력서를 거짓으로 작성한다면, 꼬리에 꼬리를 무는 질문에 당황해 거짓말이 금방 들통나게 된다. 일관성 있게 답변하는 것이 중요하다.

● 증명사진은 가능한 최근에 찍은 것을 사용하기

증명사진을 통해 채용 담당자는 지원자를 처음 만난다. 그런데 5년, 10년 전 증명사진을 사용하여 이력서를 보낸다면, 채용 담당자는 현재가 아닌 과거의 제군과 마주하게 된다. 만약 서류에 합격하여 면접을 진행한다면, 채용 담당자가 제군을 알아보지 못하는 상황이 생길 수도 있다.

따라서 증명사진은 가능한 최근에 찍은 것으로 사용하는 하는 게 좋으며, 무표정보다는 자연스럽게 미소를 짓는 것이 좋다. 그러므로 증명사진을 찍기 전, 거울을 보며 미소 짓는 법을 연습하고 가자. 또 복장은 정장이 가장 좋으며, 지원하는 직무에 따라 알맞은 복장을 입고 찍어야 한다.

● 회사의 지원 양식이 있다면, 공란 없이 모두 작성하기

희망 연봉을 적으라는 회사가 있다. 이때는 '회사 규정' 정도로 적으면 된다. 연봉과 관련된 내용들은 면접에서 반드시 질문한다. 이에 대한 답변 방법은 '쉿! 아무도 알려주지 않는 취업 비밀 : 면접'에서 설명하도록 하겠다.

쉿! 아무도 알려주지 않는
취업 비밀 II : 자기소개서

– 인사 담당자가 읽기 싫어하는 '논문' 자기소개서 –

- 내가 하고 싶은 말이 아닌, 상대가 듣고 싶은 말로 바꿔 작성하라!
- 서류 전형 합격 이후 진행될 면접을 염두에 두고 작성하라!
- 군인에 대한 선입견을 깨는 자기소개서를 작성하라!
- 중·장기 전역 군인들은 '성장 배경'을 작성하지 않아도 된다.

자기소개서는 글을 통해 보는 1차 면접이며, 핵심은 내가 하고 싶은 말이 아닌, 상대방이 듣고 싶어 하는 말을 작성해야 한다는 것이다. 물론 제군들이 달성한 업적과 그 결과로 받은 상장 등으로 성실함과 똑똑함을 어필하고 싶겠지만, 면접관들은 그런 것들을 알고 싶어 하지 않는다.

또 모든 취업 준비생들이 간과하는 것 중 하나가 바로 자신이 지원하는 회사의 구체적인 직무에 대하여 충분한 조사를 하지 않는다는 것이다.

합격자 대부분은 지원하는 회사의 구체적인 직무에 대하여 충분히 조사하고 인지하여, 자신이 입사한다면 어떤 일을 할 것인지 정리한다. 이렇듯 직무에 대하여 명확하게 파악한다면 자기소개서에 무엇을 적어야 할 것인지 감이 올 것이다.

➡ 당락을 결정짓는 첫 줄! 결론부터 작성하기

앞서 설명하였듯이 '서론-본론-결론'이 아니라, '결론-본론-서론'으로 작성해야 한다. 즉 군 복무 시절, 지원하는 직무와 유사한 보직을 맡아 이룬 성과가 있다면 그것을 먼저 적는 것이다. 이때 성과를 수치화하여 작성하면 더욱더 큰 시각적 효과를 가져다준다. 기업인들 대부분은 숫자에 민감하게 반응하여 아무리 빽빽하게 채워진 글자 속에서도 숫자는 금방 찾아내기 때문이다. 따라서 '반 이상'보다는 '50% 이상'처럼 수치화하여 작성하는 것이 채용 담당자들이 제군들의 자기소개서를 한 번 더 보게 만드는 방법이다.

다음 글은 심리 상담소에 지원한 제군의 자기소개서 중 일부분을 가져온 것이다.

군 인사 담당관 시절, 관심 사병 관리를 맡으며 90% 이상 군 생활에 잘 적응시켜 무사히 제대를 시켰습니다. 매일 2명씩 1시간가량 대화와 상담을 실시하였으며, 외부 전문 기관과 업무 협약을 맺고, 상담이 필요한 사병들의 심리 테스트도 실시하였습니다. 개인적으로는 맡은 직무에 대한 전문적인 기술을 습득하기 위해 매주 심리 관련 책자를 1권씩 탐독하였고, 관련 자격증도 5개 취득하였습니다. 덕분에 세대를 뛰어넘는 소통 전문가로 영내에 알려져 '큰형'으로 불렸습니다.

여기서 잠깐, 여기까지 읽다보면 면접관의 입장에서는 몇 가지의 궁금증이 생긴다.

하나, 90% 이상의 관심 사병들을 제대시켰는데, 그렇다면 나머지 10%의 관심 사병들은 어떻게 되었는가?
둘, 현재까지 읽은 심리 관련 책은 몇 권이며, 가장 인상 깊게 읽은 책과 그 이유는 무엇인가?

자격증과 관련된 질문을 할 줄 알았는가? 아니다. 자격증과 관련된 질문은 이력서를 다시 보게 만들면 된다. 면접관이 자신에게 질문하게 만들고, 이력서를 다시 보게 만드는 것이다. 이것이 전략이고 핵심이다.

"10%는 부사관으로 직업 군인이 되었습니다!" (당신은 소장감이다)

이처럼 예상 질문에 대한 멋진 답변을 준비해 가면 면접관에 뇌리에 깊은 인상을 줄 수 있다.

⊙ 연결고리 만들기

제군들의 군 경력이 지원하는 회사 직무와 무관하다면, 회사의 주력 사업과 신규 사업이 무엇인지 파악하여 자신의 미래 비전을 여기에 맞추어 자기소개서를 작성해 보자. 즉 군 복무 시절에 담당하였던 유사한 업무 또는 경험과 회사의 주력·신규 사업 사이에 연결고리를 만들어 작성하는 것이다. 그러나 이런 경험이 없다면, 과거 제군들이 개인적으로 해봤던 일 또는 경험을 가지고 연결고리를 만들어 작성하면 된다.

'엔씨소프트(NCSOFT)'라는 게임 소프트웨어 개발 회사에 입사한 A씨의 사례를 소개한다. A씨는 대학에서 식품영양학을 전공하고 2년간 금융 회사에서 대출 상담 업무를 담당하였다. 스펙만 보면 게임과는 무관한 경력이다. 이런 A씨가 어떻게 엔씨소프트에 입사할 수 있었을까?

군 전역 후, A씨는 부친이 운영하는 PC방에서 일을 하며 엔씨소프트에서 개발한 '아이온'이란 게임에 푹 빠져 살았다. 그런 그에게 우연히 엔씨소프트에서 면접을 볼 기회가 찾아왔고, 면접에서 '게임 이용자들의 고충과 원하는 점'에 대해 이야기하였다.

월드 레이드(게임 세계에서 강한 몬스터를 잡기 위해 게임 이용자들이 모여 함께 사냥하는 것) 시간이 정해져 있지 않아 게임 이용자들이 불편해하며, 열혈 아이온 이용자들은 과거에 있던 시공의 문(천족과 마족이 전투를 즐길 수 있도록 시공간을 넘게 하는 것)이 부활하기를 원하고 있다는 등의 내용이었다.

A씨는 면접을 보러 온 지원자의 입장이 아닌, 게임을 즐기는 이용자들의 입장에서 면접을 본 것이다. 이런 A씨의 답변은 면접관들에게 신선한 충격을 주기에 충분하였다. 당시 면접관은 "A씨는 실제 게임 이용자로 엔씨소프트 게임을 깊이 이해하고 있었으며, 게임 산업을 바라보는 시야가 넓었다."라고 말하였다. 그렇게 면접을 통과한 A씨는 7주간의 인턴 생활에서도 게임에 대한 진지한 자세와 열정을 보여, 결국 담당 팀장과 실장의 추천을 받아 정식 입사에 성공하였다.

---

13) 잡스엔, 「읽다 보면 취업되는 신기한 책」, 알프레드, 2016

◈ 회사의 정보와 자료를 충분히 조사하여 장점 작성하기

회사에서는 지원자들이 회사를 위해 공헌할 마음이 있는지, 아니면 회사가 제공하는 복지와 급여 등 안정적인 혜택에만 관심이 있는지를 파악하고 싶어 하며, '어느 분야에서', '어떤 기여를 할 수 있는지' 개인의 목표 의식을 알고 싶어 한다. 그래서 자기소개서에 '지원 동기' 항목을 넣어 두는 것이다(자유 양식의 이력서라도 자기소개서를 쓸 때 '입사 지원 동기'를 잘 적으면 서류 전형 합격에 유리함). 지원 동기를 잘 작성하기 위해서는 회사에 대한 정보와 자료(기업 연혁, 본·지사 위치, 사훈, 경영 이념, 대표적 사업 모델 등)를 충분히 수집해야 한다. 여기서 정보를 충분히 수집한다면, 추후에 있을 면접에서 회사와 관련된 질문을 받아도 당황하지 않고 대답할 수 있을 것이다(Chapter 4, 200% 취업 성공의 4가지 핵심 요소 중, 핵심4 내용 참조).

[지원 동기 작성 예]

귀사(여기서는 예를 들기 위하여 '귀사'라고 표현하였지만, 실제 자기소개서를 작성할 때에는 반드시 지원하는 '회사명'으로 작성하여야 한다)의 ○○제품이 경쟁사의 ○○제품보다 압도적인 시장 점유율을 보이고 있습니다. 이는 MZ 세대의 '취향 소비'와 신세대 '앰비슈머'를 정확히 겨냥한 마케팅 전략의 차이라고 생각하며, 그 작은 차이를 만들어 내는 귀사의 마케팅 팀을 보고 크게 감명을 받았습니다.

저는 오랜 시간 국방 홍보를 하는 직책을 수행하여 왔습니다. 그러나 이제는 작은 차이를 만들어 내는 귀사의 마케팅 팀에서 큰 결과를 만들어 보고 싶다는 생각이 들어서 지원하게 되었습니다. 저의 군 홍보 경력과 귀사의 마케팅 전략을 접목한다면, 분명 또 하나의 엄청난 결과를 만들어 낼 수 있을 것이라고 확신합니다.

정리하겠다. 자기소개서는 글을 통해 보는 면접이다. 실제로 면접관 앞에서 자신을 소개한다는 마음으로 작성해 보자.

① 첫 서두(書頭)를 무엇으로 할지 고민해 보자. 첫인상이 마지막 인상이 된다.

② 읽는 사람의 입장에서 작성한다. 즉 자신이 하고 싶은 말이 아닌, 면접관이 듣고 싶어 하는 말을 작성해라.

③ 경력 사항 작성 시, 직무만 있고 나는 없다? 직무를 수행하면서 이뤄낸 성과를 꼭 작성하자.

④ 경력 사항은 간단명료하게 작성하되, 팩트는 명확하게 작성해야 한다. 3개월 미만 경력은 작성하지 말자. 기업에서는 이직이 많은 사람을 선호하지 않는다.

⑤ 제군들 중, 이미 사회에 나와 이직을 고려하고 있다면, 긍정적인 퇴직 사유를 적어야 한다. '직무 부적응', '인간관계 실패', '보수 불만' 등의 부정적인 내용은 절대로 작성하지 말자.

⑥ 지원하려는 회사의 정보와 자료를 충분히 수집하여 회사의 장점을 파악한다.

⑦ 자기소개서에 '귀사(貴社)'라는 단어가 들어가 있다면 지원한 '회사명'으로 바꾸어 작성하자.

쉿! 아무도 알려주지 않는
취업 비밀 Ⅲ: 직무기술서

> • NCS 직무기술서(https://www.ncs.go.kr)를 활용하여 모집 직무 내용
> 참고

군 경력은 기업에서 필요로 하는 직무와 상이(相異)한 것들이 많다. 그래서 직무기술서 작성 방법을 제군들에게 전달할지, 아니면 생략할지 많은 고민을 하였다. 그러나 군 경력 중에서도 일반 기업의 직무와 정확히 일치하는 것은 아니어도 기술과 병과 같은 경우는 유사한 것(예 수송, 정비 등)들이 있다. 또 직무는 다르지만 표창장을 받을 만큼의 업적이 있다면 직무기술서에 작성하여 제출하는 것도 취업에 플러스 효과가 있을 것 같아 작성 방법을 설명하기로 결정하였다.

본 항목은 입사 지원 시 본인의 군 복무 경력이 지원하는 기업의 직무와 유사하거나, 직무기술서 작성을 요구하는 회사에 지원하는 제군들이 참고했으면 한다.

'경력기술서'와 '직무기술서'에 대한 문의가 많았다. 둘 다 비슷한 의미이지만 굳이 분류하자면, 경력기술서는 군의 '전략'과 같고, 직무기술서는 '전술'과 같다. 조금 더 쉽게 설명하면, 어떤 분야의 일을 얼마나 하였는지가 경력기술서이고, 그 분야에서 구체적으로 어떤 일을 하였는지가 직무기술서이다. 이처럼 둘 다 자신의 업무 업적과 역량을 알리는 것으로, 그동안 담당하였던 직무에 대한 실무 역량을 표현한 글이다.

앞서 제대 군인에게 있어 전직은 '재취업'이라고 정의하였다. 재취업이란 경험과 경력이 있는 사람이 현 직장을 그만두고 새로운 곳에 취업한다는 말을 뜻한다. 그러나 제군들의 경력은 일반인들의 직무 경력과는 다르며, 군대와 기업의 직무 수행 목적 역시 완전히 다르다. 군대는 목적 달성 자체가 과제이지만, 기업은 이익 창출과 이익의 극대화가 목적이 된다. 만일 군에서 어떤 물건을 만든다면, 오래 사용해도 문제없는 튼튼한 제품을 만드는 것이 목표가 될 것이다. 그러나 기업은 오래 사용하여도 문제가 없는 튼튼한 제품을 만들어서는 안 된다. 고장 없이 오래 사용하게 되면 기업의 물건을 찾는 소비자들이 줄어들기 때문이다. 이 말은 이익이 줄어들게 되면 회사는 망하게 된다는 것을 의미한다.

전투에서의 승리를 목표로 하는 군 직무와 많은 돈을 벌기 위한 기업의 직무는 분명히 다르다. 또 일을 바라보는 시각과 문제 해결 프로세스 역시 다르다. 그러므로 제군들의 직무기술서는 일반 경력자들과는 다르게 작성되어야 한다.

기업에서 경력자의 직무기술서를 보고자 하는 목적이 있다. 바로 지원자의 업무 경험과 회사에서 모집히는 직무와의 유사성 확인, 그리고 관련 업무를 통한 성과 확인 및 재교육 여부 등을 확인하여 바로 현업에 투입할 수 있는 능력이 되는지를 파악하기 위해서이다. 그러므로 제군들은 이 목적에 부합되는 직무기술서를 작성하여야 한다.

재취업과 관련된 여러 책들을 읽어 보았지만, 모두 일반 경력자들을 위한 직무기술서이고, 제대 군인을 대상으로 한 직무기술서는 없었다. 따라서 지금부터 제군들을 대상으로 한 직무기술서 작성 방법에 대하여 설명하도록 하겠다.

● 보직 경력은 지원하는 직무와 유사한 내용만 작성할 것

군 복무 시절 수행하였던 직무와 지원하고자 하는 직무 사이에 연결고리를 만들어라.

① 군 복무 시절에 경험하였던 여러 가지 일들을 생각나는 대로 나열해서 적는다. 많이 적을수록 좋다.
② 지원하려는 기업의 직무와 관련된 책자를 읽어 보고, 필요한 역량에는 무엇이 있는지 확인하여, 그것과 조금이라도 연관이 있다고 생각되는 경험을 선택한다.
③ 그렇게 선택한 군 복무 시절의 경험과 지원하고자 하는 직무 사이에 연결고리를 만들어 직무기술서를 작성한다.
    ◉ 지원 직무 : 운전 → 차량정비대 6개월 지원 근무 → 직무 기술 : 차량정비대 근무 경험으로 운행 중 긴급 상황 대처 가능

지원하는 직무와 무관한 업무는 과감하게 빼야 한다. 지원서의 목적은 채용 담당자의 호기심을 자극시켜 면접 기회를 얻기 위함이다. 그래서 모집 직무와 무관한 경력 사항을 적으면 오히려 독이 된다. 또 유사한 직무 수행의 성과 달성으로 인한 표창장 수여 또는 다른 업적이 있다면 수치화하여 작성한다.

> **예** 예방 정비를 통한 사고 비용 30% 절감, 연대장 모범 표창 수상

➲ 유사 직무의 기간이 짧다면, '업무 성과'를 부각시켜 작성할 것

경력 기간을 적용하되 전체 기간만을 간략하게 적고, 업무 성과 항목을 추가하여 자신의 업적을 중심으로 작성한다. 이때 업무 성과를 달성한 날짜는 적지 않아도 된다. 이외에도 직무 기술 작성법에는 여러 가지가 있지만, 인사이동과 보직 변경이 잦은 제군들에게는 업무 성과 중심의 직무 기술 작성법이 맞을 것 같다.

직 무 기 술 서

■ 지원 분야: 차량정비부장

■ 경력 사항

•기지정비대대 근무 … ○○○○년 ○○월 ○○일~○○○○년 ○○월 ○○일(○○개월)

　-제1정비창 대형장비 정비반장 … (근무 기간은 적지 않는다)

　-제2수송부 정비교관 신병정비교 … (근무 기간은 적지 않는다)

•기지사령부 수송담당관 … ○○○○년 ○○월 ○○일~○○○○년 ○○월 ○○일(○○개월)

　-작전 병력 수송 배차 및 운전(대형트럭)

　-출퇴근용 부대버스 운전(버스)

　-VIP 호송차량 지원(승용)

■ 업무 성과

•예방 정비를 통한 사고 비용 30% 절감.

•운행 중 발생하는 고장에 대한 운전병 안전교육 실시로 성공적인 작전 수행에 기여.

•긴급조치 매뉴얼 제작, 이후 정식 교육 교재로 선정.

•차량 특성과 계절에 따른 운전병 안전교육 실시로 교통 사고율 30% 감소.

•운전병 스트레스 해소 방안 제안 및 실시로 병영 생활 만족도 기여.

■ 업무 성과 내용 요약

•○○○○년 ○○월 사회 정비 경력에 준한 기지정비대대 정비부사관으로 보직 발령을 받고, 매주 정비반 인원들과 대기 수송 차량에 대해 예방

정비 점검을 실시, 이후 고장 사고 감소 및 사고 비용 30%를 절감하여 ○○○○년 ○○월 모범부대 표창 수여.

- ○○○○년 ○○월 운행 중 발생 가능한 고장에 대하여 운전병 안전 교육을 실시. 이후 성공적 팀 스피릿 작전 수행으로 우수지원 부대로 선정.

- ○○○○년 ○○월 수송 병기에 대한 안전 운전 및 긴급 사항 대처 매뉴얼 제작, 이후 수송병과 기초 교육 자료로 채택(본인 최우수 부관 선정).

- ○○○○년 ○○월 기지사령부 수송담당관으로 보직 발령 후, 매주 운전병들의 교통사고 발생 방지를 위해 기후별·계절별 사고 사례 영상 교육 및 차량 특성에 따른 계절별 중점 점검 항목에 대한 현장 정비 교육을 실시. 그로부터 3개월 후, 유사 사고율 30% 감소 성과로 사단 내 최저 사고 모범 수송 부대로 선정되어 사단장 표창 수상.

- 반복되는 야간 작전 수행 및 긴급 출동으로 인한 운전병들의 잠재적 사고 위험을 해소하기 위해 민간 전문 업체와 연계, 이후 힐링 프로그램 실시로 안전한 병영 생활 조성 및 관심 사병 제로 부대 선정.

작성자: 홍길동

어느 정도 감이 잡히는가? 이런 방식으로 작성하면 된다. 제군들이 이러한 직무기술서를 작성한다면, 이제 막 대학을 졸업한 취업 준비생들과는 입사 경쟁을 하지 않아도 된다.

군의 장점이 무엇인가? 바로 주어진 어떠한 환경 속에서도 전투를 승리로 가져온다는 것이다. 전역한 장성이 쓴 책 중에 기억에 남는 글귀가 있어 적어본다.

'검이 짧으면, 일보 전진하라[14]'

위의 샘플은 군 보안과 관련이 있기에 군에서 쓰는 호칭을 정확하게 사용하여 작성하지는 않았다. 참고하여 작성하길 바란다.

---

14) 박종선, 『검이 짧으면, 일보 전진하라』, 미래를 소유한 사람들, 2013

쉿! 아무도 알려주지 않는
취업 비밀 Ⅳ : 면접

– 첫인상으로 사람을 판단하는 데 걸리는 시간 0.3초~6초–

- 면접의 3대 요소 : Body, Mood, Word(B. M. W)
- 인사 담당자가 뽑은 꼴불견 면접자

   - 면접 시간 임박 또는 지각으로 헐레벌떡 뛰어오는 면접자 → 55%

   - 바르지 않는 면접 자세(대기실 포함) → 43%

   - 잘 모르면서 아는 체하는 면접자 → 38%

   - 복장이 단정하지 않은 지원자 → 14%

- 면접자들의 행동에 대해 평가 감점을 준 적이 있다. → 83.2%

※ 출처 : 계명문화대학교 블로그

기업에서 경력자의 면접을 볼 때, 대부분 다음의 두 가지를 본다.

1. 지원한 직무를 수행하는 데 필요한 능력을 갖추고 있는가?

2. 우리 회사의 조직 문화에 잘 적응할 수 있는가?

면접자들의 진정성과 열정을 알고 싶은 것이다. 따라서 면접관들은 이에 맞추어 여러 가지의 질문을 던진다.

➲ 면접에 자주 나오는 질문

① 우리 회사에 대해 아는 대로 말씀해 보세요.

② 우리 회사에 지원한 동기는 무엇입니까?

③ 왜 이 직무에 지원하셨습니까? 군에서 유사한 일을 해 보셨습니까?

④ 군 경력과 지원한 업무가 다른데, 지원한 이유가 있으십니까?

⑤ 자기소개 한 번 해 주세요.

⑥ 본인의 장점과 단점을 말해 보세요.

⑦ 군에서 업무 지시를 하시다가 업무 지시를 받으며 일하실 수 있겠습니까?

⑧ 상사의 의견과 본인의 의견이 다르다면 어떻게 설득시키겠습니까?

⑨ 나이 어린 상사나 가치관이 맞지 않는 동료 직원이 있다면 어떻게 소통하시겠습니까?

⑩ 우리 회사 말고 지원한 다른 회사가 있습니까?

⑪ 모집 분야의 직무를 수행하기에는 본인의 능력이 너무 높은 것 같지 않습니까?

⑫ 군 복무 시절 가장 기억에 남는 일이 있습니까?

⑬ 전역 후 본인에게 가장 큰 변화가 있었다면 무엇입니까?

⑭ 전역을 결심하게 된 이유는 무엇입니까?

⑮ 끝으로 하고 싶은 말이 있으십니까?

➔ 면접 복장

복장은 그 사람의 정신세계를 표현하며, 또 상대방에 대한 예의의 표현이기도 하다. 맞선을 보는 자리에 운동복 차림으로 간다는 것은 결혼할 마음이 없고 상대방을 존중하지 않는다는 표현이 되는 것처럼 말이다.

이처럼 지원하는 직무나 회사에 따라 복장에는 약간씩 차이가 있다. 일반적으로 단정하고 깔끔한 어두운 계통의 정장과 화이트나 옅은 블루계통의 셔츠를 추천하며, 위아래가 다른 콤비 복장과 화려한 보석이 박힌 넥타이는 피하는 것이 좋다. 신발은 끝이 너무 뾰족하지 않는 검정색의 포멀한 구두를 추천한다.

여군도 마찬가지이다. 자신의 개성을 표현해야 하는 업종이 아니라면, 깔끔한 복장이 좋다. 어두운 계통의 투피스나 화이트 계통의 블라우스를 추천하며, 신발은 운동화처럼 굽이 낮은 단화나 굽이 조금 있는 힐을 추천한다. 머리는 단정하게 묶는 것이 좋다. 또 너무 짙은 화장과 매니큐어, 립스틱, 긴 속눈썹 등 화려한 메이크업은 피하도록 하자. 화려함보다는 단아하고 깔끔한 느낌을 주는 것이 면접에 더 도움이 되기 때문이다.

➔ 면접 답변

말이란 자신의 생각을 소리로 표현하는 것으로, 곧 그 사람의 '인격'을 나타낸다. 따라서 면접관의 질문에 답변하기에 앞서 단어의 선택에 신중을 기해야 하며, 평소에 쓰는 사투리, 비속어, 유행어는 절대로 사용하지 않아야 한다.

① 대답 시 '~에', '~저' 같은 접두어는 사용하지 않는 것이 좋다.

② 면접관의 질문이 끝났는지 배려하기 위하여 질문과 대답 시간의 간격은 2~3초가 적당하다.

③ 말끝을 흐리지 말고 마지막까지 또박또박 대답한다.

④ 말의 악센트(억양), 빠르기, 발음, 속도, 음율 등에 신경을 쓰며 대답한다.

⑤ 엉뚱하고 과장된 답변 모두 인사 담당자들이 싫어하는 답변으로 감점 대상이다. 모르면 잘 모르겠다고 대답하는 것이 차라리 좋다.

➲ 면접 표정

① 행복한 생각을 하자. 행복할 때의 표정이 가장 아름답다.

② 시선은 면접관의 미간(눈과 눈 사이)에 둔다.

③ 편안한 표정과 자연스러운 미소를 짓는다(억지 미소는 비웃음으로 보인다).

④ 입과 눈이 같이 웃는 웃음이 좋다.

➲ 면접 자세

① 입장 시 걸음은 자신감 있게, 퇴장 시 면접관을 보고 2~3보 뒷걸음친 후, 돌아서 나온다.

② 면접관의 질문에 긍정적으로 표현한다(고개 끄덕이기).

③ '예', '아니오' 식의 단답형 대답은 하지 않는다.

④ 질문에는 거짓 없이 진실(Fact)만을 답한다(구구절절 설명 금지).

⑤ 퇴장 시 자연스럽게 감사 인사를 한다.

❥ 화상 면접

코로나19가 종식되어도 비대면 화상 면접은 대면 면접과 함께 복합적 면접(화상+대면)으로 자리 잡을 것이다. 그렇기 때문에 화상 면접 역시 잘 준비해야 하고, 잘 알고 있어야 한다. 화상 면접을 보기 전, 준비해야 할 사항으로는 다음의 것들이 있다.

① 화상 면접을 위한 모바일 앱 다운로드 및 사전 장치 테스트를 실시한다.
② 조용한 장소를 선정하고 배경 화면 주변을 정리한다.
③ 웹 기능을 이용하여 배경 화면을 만들어 놓는다.
④ 대면 면접과 동일한 복장을 갖추고 면접을 진행한다.
⑤ 언어·청각적 요소를 감안한 보이스 트레이닝을 실시한다.

❥ 면접 시 주의하여야 할 점

지원자가 많은 기업의 경우 대기 시간이 길어지기도 한다. 이때 서서히 긴장이 풀려 빈 의자에 다리를 올려놓거나 삐딱한 자세로 앉아 휴대폰 게임을 하는 등 평소의 행동들이 나오기 시작한다. 심지어 길어진 대기 시간에 대한 불평을 늘어놓으며, 안내하는 직원들을 함부로 대하는 사람들도 있다.

대기실도 면접장의 연장 장소이며, 면접 지원자들을 안내하고 있는 직원 대부분이 인사부서나 지원부서의 직원들이다. 입사하게 되면 깍듯이 대해야 할 선배들인 것이다. 또 면접관들은 그들의 상사이다. 아무리 면접을 잘 보고 나왔어도 대기실에서 부적절한 행동 및 언행을 하였다면, 반드시 면접관들의 귀에 들어가게 된다. 따라서 대기실에서의 태도가 면접

점수에 반영된다는 사실을 항상 염두에 두고 행동해야 한다.

길어야 1시간이다. 휴대폰은 잠시 꺼두고, 차례가 올 때까지 바른 자세로 조용히 앉아 가져온 모의 면접 예상 질문지를 다시 읽어보자. 회사에 입사하고픈 간절한 모습으로 비쳐 긍정적인 효과를 가져올 수도 있다.

⊙ 경력 면접 시 반드시 묻는 희망 연봉

입사지원서에 '희망 연봉'란을 비워두면, 면접관들이 반드시 희망 연봉에 대해서 질문한다. 이때 회사 규정에 따르겠다고 대답하면, 전 직장에서는 얼마를 받았느냐고 재질문할 것이다. 여기서 대부분의 구직자들이 실제로 받았던 금액보다 조금 더 높여서 말한다. 의도는 알지만 회사에서는 이미 연봉이 결정되어 있다. 면접자가 답변한 금액이 회사에서 정한 금액보다 적으면 다행이지만, 많다면 입사 결정에 빨간 불이 켜지는 것이다. 따라서 매월 정기적으로 나오는 금액만 말하면 된다. 실제 얼마를 줄지 바로 결정하기 위해 묻는 질문이 아니기에 회사에서 정한 금액보다 작게 말한다고 해서 그 금액으로 연봉을 결정하지는 않는다. 또 제군들 중 이직 사유가 보다 나은 급여라면 미리 지원하는 회사의 연봉 수준을 파악하여 자신의 희망 연봉을 지원서에 작성하면 된다.

'급여'란 셀러리맨들의 일에 대한 동기 부여이자 목적이기에 전 직장보다 급여가 적게 지급되면 어떤 상황이 벌어지는지 기업들은 너무나 잘 알고 있다. 따라서 희망 연봉을 묻는 질문은 전 직장에서 주던 연봉보다 높은 연봉을 주기 위해 묻는 질문이라고 보면 된다. 또 서류 전형에 합격하였다면 원하는 급여를 받을 가능성이 높고, 희망 연봉에 대하여 질문을 받았다면 합격할 확률이 높다.

마지막으로 면접관은 정답을 원하지 않는다. 그리고 조직은 미래의 CEO가 될 후보를 뽑는 것이 아니라, 지금 당장 실무에 투입할 사람을 뽑는 것이다. 그러므로 최종 합격의 핵심은 '나답게' 대답하고 행동하는 것이라는 생각으로 준비하는 것이 좋다. 너무 긴장하지 않고 철저하게 준비해 간다면 분명 좋은 결과가 있을 것이다.

보너스!
비대면 AI 면접 맛보기

코로나로 인하여 비대면 시대가 열렸다. 앞으로 대면 면접에 드는 각종 부대 비용 절감 등의 문제로 AI 면접을 도입하는 기업들이 점차 늘어날 것이다. 이미 일부 대기업과 공공기관에서는 AI 면접을 시행하고 있으며, 특히 지원자가 많은 대기업이나 공기업은 빠른 속도로 도입할 것으로 예상된다. 아직은 시스템이 진입 단계에 있어 AI 면접에 대하여 크게 신경 쓰고 준비할 필요는 없지만, 향후 빅데이터의 발전과 안면 인식 AI 시스템의 고도화에 따라 도입은 더욱 가속화될 것으로 판단된다. 또 이 분야와 관련된 새로운 직업 전문가들도 많이 나올 것이다. 이렇듯 이번 항목에서는 AI 면접이란 무엇이고, 또 어떻게 진행되는지 간단하게 설명해 보도록 하겠다.

최초 AI 면접은 일본의 채용 컨설팅 회사인 '탤런트 앤 어세트먼트(T&A)'에서 '샤인(Shain)[15]'이라는 인공지능 면접관을 개발하면서 시작되었다.

---

15) 3천 명 이상의 면접 결과를 데이터화하여 학습한 AI가 면접관을 대신하여 면접을 진행하는 서비스를 의미한다.

◉ AI 면접의 장점

① 면접 장소가 필요 없다.

② 채용 전문가가 없는 중소기업들의 리스크를 최소화한다.

③ 채용 영역 확대(수많은 지원자 수용 가능)와 효율성(채용 기간 단축)이 증가한다.

④ 객관적인 채용 평가가 가능하다.

⑤ 채용 비리를 근절시킨다.

⑥ 대면 면접 대비 비용을 절감한다.

AI 면접은 기본 면접과 심층 면접으로 진행되는데, AI라고 하여 대충 대응하였다간 혹한 점수를 받게 된다. 캠(CAM)을 통하여 지원자의 음색, 억양, 말투 등을 분석해 자신감 없는 억양, 주눅 든 모습, 무표정한 모습, 무언가를 보고 읽는 듯한 모습 등은 모두 감점시켜 점수에 반영하기 때문이다. 기본 면접에서 공통적으로 하는 질문으로는 자기소개와 지원 동기 등이 있으며, 심층 면접에서는 직무 및 전공 분야와 관련된 간단한 질문을 제시하여 지원자의 의사 결정 성향을 파악한다. 이때 질문에 대한 정답은 없으나 빠르고 진솔하게 답변하는 것이 중요하다.

심층 면접을 진행하기에 앞서 '성향 분석(인성 검사)'을 진행한다. 이는 총 170~200문항의 질문들을 한 화면 당 10문항씩 제시하여 지원자의 성향을 분석하고 평가(인재상 부합 여부, 성격 병리 검증, 사회성, 일관성 척도)하는 단계이다. 그리고 그 결과를 분석하여 심층 면접이 진행된다.

● 심층 면접

① 기본 질문

> 기분 때문에 일을 망친 경험이 있는가?(기본 질문) → 답변
>
> 자신의 기분에 민감한 편인가?(꼬리 질문) → 답변

이런 식의 질문이 주어지며, 생각나는 즉시 답변을 해야 한다. 물론 성향을 분석하는 것이므로 정답은 없으며, 그렇다고 답변을 골라 대답하게 된다면, 나중에 다른 질문들과 일관성이 없어지기 때문에 이상한 성격의 소유자로 나온다. 따라서 정직하게 답변하는 것이 중요하다.

② 성향 분석의 평가 결과를 토대로 질문을 한다. 질문의 예로는 자신의 약점은 무엇인지, 상사와 갈등이 생기면 어떤 식으로 해결할 것인지 등이 있다.

③ 시각·청각적 이미지가 중요하며, 답변 분위기와 어휘 등을 통하여 지원자의 직무 연관성을 분석한다. 따라서 예상 문제를 바탕으로 충분한 답변 연습이 필요하다.

● AI 면접에 적용된 기술

① VISION 분석 : 지원자의 표정과 움직임 등을 분석한다.

② VOICE 분석 : 지원자의 음색, 떨림, 억양, 속도 등을 분석하여 표준 테이블 점수에 따라 처리한다.

마지막으로 지원자들이 가장 어려워하는 AI게임 면접이 있다. 직군별로 제시되는 게임을 수행하는 과정에서 응시자가 무의식적으로 하는 행

동 및 수행 결과를 분석하여 지원자의 역량을 측정하는 것이다.

➔ AI게임 면접

　　AI게임 면접은 제시된 질문에 답변하는 것이다. 예를 들어, 제시된 사진 속 얼굴의 감정 찾기, 제시된 블록과 똑같은 모양으로 블록 쌓기, 잠깐씩 보이는 카드 기억하기 등이 있다. 이때 실수로 실점하여 다음 문제에 너무 많은 시간을 소비해 게임 진행 속도가 느려지면 '자신감 저하' 또는 '소극적 성향자'로 AI가 평가한다.

　　기계가 인간을 평가하고 그 결과로 입사의 당락이 결정된다는 것은 그리 유쾌한 일이 아니다. 하지만 이것이 트랜드(Trend)라면 받아들여야 한다. 또 AI 면접 후, 입사의 당락이 바로 결정되는 것은 아니다. 채점된 점수와 AI 데이터에서 나온 지원자의 적합 직무 성향(이런 측면에서 'AI 면접'이라기보다 'AI 역량 검사'라고도 한다) 결과 등을 의뢰 기업에 전달하면, 이것을 토대로 면접을 진행한 기업에서 다음 사항을 결정한다. 직무 부적합 지원자를 모두 탈락시킬 것인가, 아니면 AI가 제시한 적합 직무로 다시 대면 면접을 볼 것인가는 기업의 선택이다.

　　AI 면접에 대한 설명은 여기서 마치도록 하겠다. 대기업과 공공기관에 지원하고자 하는 제군들은 AI 면접을 병행하는 곳도 있으니 참고하길 바란다.

인생이란, 행복하고 평화로운 죽음을 맞이하기 위한
긴 여정(well being, well dying).

아무것도 가져가지 못한다. 베풀고, 돕고 살아라.
인생은 흑도 백도 아닌 회색빛이라고 한다.
삶을 지나오니, 나의 존재가 흰색일 때가 가장 좋더구나.
모든 색깔을 담을 수 있는 색깔 말이다.

사랑하는 나의 아들딸아.
너의 이름을 사람들 마음속에 남기면 좋겠다.

Chapter 5
칠전팔기,
불합격 시 멘탈 바로 세우기

100번 지원해서
한 번만 되면 되잖아

전역 후, 많은 제군들이 막연한 자신감을 선보이며 취업을 준비한다. '대한민국에 있는 수천 개 회사 중, 나 하나 들어갈 자리가 없을까?' 하는 패기 넘치는 모습으로 회사를 다니고 있는 지인들에게 부탁을 해두거나 헤드헌터[16]에게 자신의 이력서를 보내기도 한다. 또 구인구직 사이트에서 찾아본 몇몇 회사에 지원서를 보내고 연락이 오기만을 하염없이 기다린다.

그러나 기다리는 연락은 오지 않는다. 지인들과 헤드헌터, 그리고 인터넷으로 지원한 회사 모두 연락이 없다. 기다리다 지쳐 지인에게 연락해 보지만 아직 마땅한 자리가 없어 생기는 대로 연락을 주겠다는 말만 반복한다. 헤드헌터는 전화를 받지 않거나, 간신히 통화가 되어도 제군이 누군지 모른다. 그렇게 마지막 희망으로 구인구직 사이트를 통하여 지원서를 보낸 회사의 채용 진행 상황을 확인하지만, 이미 채용은 마감되어

---

16) 인력을 필요로 하는 기업이나 기관에 소개해 주는 대가로 수수료를 받는 인력 소개업체이다.

끝나있다. 이렇게 구직 활동의 결과가 좋지 않으면 처음에 있던 자신감과 패기는 서서히 사라지고, 초초함과 불안함에 조바심이 나기 시작한다.

이제는 조금이라도 가능성이 있다고 생각이 드는 구인 공고를 보면 무조건 지원서를 보낸다. 구인구직 사이트에 이력서를 등록해두면, 그 사이트에 올라온 구인 회사에 바로 지원할 수 있기에 '귀사', '회사 이름', '작성 일자', '지원 직무와는 맞지 않는 경력 사항' 등 피해야 하는 단어들을 수두룩하게 넣은 이력서를 여기저기 보내는 것이다. 당연히 결과는 좋지 않다. 그렇게 '묻지마 지원'으로 인한 반복된 탈락은 제군들을 더욱 위축되게 만든다. 도대체 무엇이 잘못된 것일까? 아무리 긍정적인 사람이라도 이쯤 되면 멘탈이 흔들린다. 이제는 구인 공고를 보는 것도 화가 나고 지원서를 넣는 것 조차 자신이 없다. 군 복무 시절에는 부하들의 존경을 받으며 지휘관으로서 자부심과 자긍심으로 살아왔는데, 전역을 하고 나니 가족, 친척, 친구 모두가 무시하는 것 같고, 무능한 사람을 쳐다보는 듯한 그들의 시선이 따갑게 느껴진다. 정말 채용해주기만 한다면 탈락시킨 회사가 후회하도록 열심히 일할 준비가 되어 있는데 답답하기만 하다.

이러한 심정은 취업이 늦어지는 제군들의 공통된 심정일 것이다. 그렇다면 이런 상황들을 해결할 만한 방법은 없을까?

입사 지원을 몇 번이나 해 보았는가? 과거 대학을 막 졸업하고 입사 지원서를 낼 때, 딱 100군데만 넣어보고 안되면 붕어빵 장사라도 하려고 생각한 적이 있다. 회사에서 고용하지 않는다면, 스스로를 고용할 생각이었고, 100군데에서 채용하지 않는다면, 비슷한 처지의 놓인 사람들을 채용하는 회사를 만들어야겠다고 생각하던 겁 없는 청춘이었다. 비범한 사람은 보통 사람이 알아보지 못한다. 제군들이 10번 이상 취업에 도전하였다면, 제군들은 이미 비범한 사람이다. 절대 제군들이 무능력해서 떨어진 게 아닌 것이다. 제군들은 국가에서 인정한 고급 인력이다. 물론 이력서와 자기소개서에 '복사 붙여넣기'를 한 제군들이 아닌 최선을 다해서 지원서를 만들고 면접을 준비한 제군들에 한해서이다. 또한 아직 90번의 기회가 더 남아있다.

❯ '묻지마 지원' 절대 금지!

'묻지마 지원'은 스스로 독약을 마시는 것과 마찬가지이다. 취업에는 '7승(勝)6사(死)'라는 말이 있다. 이는 구인 공고 중 10개의 지원 필수 사항과 우대 조건이 있다면, 그중 7개가 맞으면 '합격', 6개가 맞으면 '불합격'이라는 뜻이다. 따라서 제군들의 경험이나 역량에 70% 이상 맞는 구인 공고를 찾아 그곳에 지원서를 넣어야 한다. 물론 이력서와 자기소개서도 거기에 맞게 작성되어 있어야 한다.

특히 자기소개서는 직무에 대한 핵심 내용을 어떻게 표현하여 전달할 것인지 고민해서 작성하여야 한다. 다른 지원자들과는 다른 차별화 전략을 세워야 하는 것이다. 그러므로 절대 구인구직 사이트에 저장되어 있는 자기소개서를 그대로 보내는 묻지마 지원을 하면 안 된다. 기업 인사 담당들은 자신들의 회사에만 지원하기 위해 작성한 것인지, 여기저기 보내기 위해 미리 작성한 것인지, 한 눈에 보면 안다. 그동안 얼마나 많은 지원서를 보았겠는가?

● 연락 없는 회사, 기다리지 마라!

첫 번째 조건에 맞게 지원하였고, 차별화 전략을 세워 자기소개서를 작성하였는데도 연락이 없다면 지원한 회사가 제군들과 맞지 않는 것이다. 절대 제군들의 역량이 부족해서 탈락한 것이 아니다.

기업에는 '전략적 입사 채용'이라는 것이 있다. 채용 공고를 냈지만 거래처에서 추천을 받은 사람이 있거나, 채용을 꼭 해야만 하는 지원자가 생기면 기업의 바람막이 역할로 선발하는 것이 이에 해당한다. 이 전략적 입사 채용은 서류 전형에서부터 추천자보다 나은 사람을 선발하는 것이 아닌, 그보다 역량이 낮은 사람을 선발한다. 추천자를 면접에 합격시켜야 하기 때문이다. 또 채용 계획 자체를 아예 취소하는 경우도 있다. 이처럼 아무리 역량 있고 훌륭한 지원자가 있어도 이러한 이유로 선발되지 못하는 것이다. 제군도 모르는 이유로 서류 전형에서 탈락하였다면 이런 경우일 확률이 높다.

제군들의 취업을 지원하던 중, 위와 유사한 경험을 한 적이 있었다. 한 번은 항공기 제조업체 모집 자격 조건에 90% 이상 해당하는 제군을 추천하여 최종 면접까지 갔다가 탈락한 적이 있었다. 당시 상황을 이해할 수 없었기에 인사 담당자를 찾아가 탈락 이유를 물었더니 회사의 메인 거래처에서 추천인이 있었다고 하였다. 소위 말해 낙하산을 채용하였다는 것이다. 또 군수품을 납품하는 회사에서 납품 프로세스에 대한 이해도가 높은 제군을 추천해 달라고 한 적이 있었다. 이 회사에서는 당시 엄청나게 파격적인 조건을 내세웠는데, 영업직 임원으로 입사하여 연봉은 1억 원이었고, 숙소 제공과 차량 및 비서 지원, 그리고 별도의 사무실까지 지원해 주는 조건이었다. 당연히 욕심이 날 수밖에 없는 조건이었기에 아예 군수품 납품 및 검사를 담당하였던 제군들 중, 기업이 요구하는 역량 및 경험 등 모든 조건에 부합하는 제군을 찾아서 추천하였다. 그렇게 취업이 될 것이라는 확신을 가지고 나름 기대 반, 설렘 반으로 기다렸으나 결과는 탈락이었다. 당시 상황 역시 이해할 수 없었지만, 기업의 이런 상황을 알고 있었기에 더 이상 묻지 않았다.

이제 무슨 말인지 이해가 되는가? 이력서와 자기소개서를 제대로 작성했고 우대 조건도 다 맞는데 연락이 오지 않는다면, 제군들의 역량이나 경력의 문제가 아닌 것이다. 여기서 한 가지 더 덧붙이자면, 기업에서는 면접을 볼 때 선발을 위한 면접이 있고 탈락을 위한 면접이 있다. 전자는 면접을 조금 잘못 보아도 합격이 되고, 후자는 잘 보아도 떨어진다. 이것은 기업의 당해 연도 인사 정책 때문이며, 개인의 역량과는 무관하다. 물론 탈락으로 인한 허탈감과 실망감은 크겠지만, 거기에 머물러 있지는 말자.

100번 지원해서 1번만 합격하면 된다. 낙심하거나 위축되지 말자. 또 스트레스도 받지 말자. 뒤돌아보지 말고 다음 목표 기업에 지원 준비를 시작하는 것이 재취업 성공에 더 도움이 된다. 실패가 두려워 도전조차 않는다면 성공 확률은 영원히 '0%'지만, '90%'의 실패 확률이라도 도전하는 자는 '10%'의 성공 희망이 있다. 미래는 도전하는 자의 것!

145

불합격은 제군의
문제가 아니다

　기업 인사 담당자도 사람이다. 어떻게 수십 수백 명의 자기소개서와 이력서를 다 읽어보겠는가? 통상 인사 담당자가 지원자의 이력서 및 자기소개서를 읽어보는 시간은 2분 내외라고 한다. 이 말은 속독을 하지 않는 사람이라면 그냥 쭉 훑어보기만 한다는 것이다. 따라서 인사 담당자들은 지원 요건에 기준을 두어 그 기준에 맞는 이력서부터 먼저 고르고, 인원이 충분하지 않는 경우, 그 다음 기준을 선택하여 이력서를 고른다.

　회사의 지원 요건 기준은 각양각색이다. 서울에 있는 명문대 및 경력 5년 이상 우선(지원 자격은 3년 이상이지만, 서류 전형에 지원자가 너무 많으면 5년 이하는 뺀다), 경력 사원 우선(지원 자격은 신입·경력이지만, 경력이 많으면 신입은 뺀다), 또 관련 자격증 보유자 우선(지원 자격은 없지만, 자격증 보유자가 많으면 미보유자는 뺀다) 등 대한민국의 존재하는 회사의 수만큼 지원 요건의 기준도 다양하게 있다. 이처럼 회사의 내부 선발 기준에 맞춰 1차 서류를 선별한다. 제군들의 경력 및 자기소개서가 충분히 읽혀진 뒤, 서류 전형의 탈락 여부가 결정되는 게 아닌 것이다.

　과거 기업의 임원으로 재직할 때, 지원자가 너무 많으면 인사부장에게 기준을 하달해 주고 추출되어 올라온 지원서만 보았다. 기업의 임원들은 많이 바쁘다. 오전에는 서울 본사에서, 오후에는 일본 지사에서 회의를 진행하고, 점심은 비행기 안에서 도시락으로 해결한다. 수많은 지원서를 꼼꼼하게 볼 시간이 없는 것이다. 그리고 한 가지 더, 일반적으로 대기업에서는 서류 전형에서 최종 합격자의 배수를 선발한다. 다시 말하면 면접에서 절반은 떨어트린다는 것이다. 그렇다면 탈락한 50%는 실력이 부족해서 떨어지는 것일까? 아니다. 면접 당일 면접관의 기분 및 선발 취향 등 다양한 영향을 받는다.

예를 들어, 면접관은 조용하고 차분한 성격을 좋아하는데, 지원자가 활기차고 외향적인 성격의 소유자라면 어떻겠는가? 반대로 면접관이 활기차고 씩씩한 사람을 좋아하는데, 조용하고 내성적인 성격의 소유자가 면접을 본다면 어떻겠는가? 당연히 좋은 점수를 받을 수 없을 것이다. 면접관들도 감정을 가진 사람이다. 물론 채용 직무와 관련된 부분을 면밀하게 보겠지만, 전공 지식 외에도 다각도에서 체크리스트를 놓고 관찰하여 점수를 매긴다. 전공 지식이 100점인데 떨어진다면, 바로 이러한 이유 때문인 것이다.

이처럼 제군들이 많은 준비를 하였음에도 불구하고 탈락하였다면, 그건 하늘의 뜻이다. 그러니 억울해 할 필요도, 낙담할 필요도 없다. 또 곧 죽어도 그 회사에 입사해야겠다면 다시 지원하면 된다. 그리고 면접이 끝나고 나올 때 마지막 멘트에 이 말을 꼭 넣어보자. "전 이 회사에 ○○번째 지원하였습니다. 이번에도 탈락하면, 또 다시 도전할 것입니다. 될 때까지 지원하겠습니다." 라고. 면접관이 제군의 얼굴을 기억할 것이다.

147

아픈 만큼 성숙해진다

　사실 지원한 회사에서 연락이 없으면, 초조하고 불안하면서도 기분 나쁘다. 인재를 몰라주는 것 같아 서운한 마음이 들기 때문이다. 이런 마음에 지원한 회사를 욕하기도 하고, 더 좋은 곳에 취업하여 후회하게 만들어 주겠다는 오기도 생긴다. 그러나 계속되는 낙방에 멘탈은 점점 무너지고, 심할 경우 우울증도 찾아온다. 또 삶이란 무게의 중압감과 함께 자신감도 떨어지고, 지원서를 넣는 것조차 두려워지기 시작한다.

　맞다. 이런 생각이 안 드는 사람이 오히려 비정상이다. 하지만 묵묵히 걷다 보면, 반드시 제군들과 코드가 맞는 회사를 만나게 된다. 실패도 경험이고 경력이다. 삶의 경륜이라는 것은 바로 이럴 때 생기는 것이다.

　하늘에서는 크게 쓸 사람에게 큰 시험을 내린다고 한다. 지금 다른 사람이 겪지 않는 어려움과 괴로움을 느끼고 있다면 제군은 이미 하늘에서 내려 준 큰 시험을 헤쳐 나가고 있는 중인 것이다. 순도 99.999%의 금은 매우 높은 열(高熱)로 만들어지고, 순도 99.999%의 사람은 시련(試鍊)으로 만들어진다고 한다. 겁에 사로잡혀 움츠리고 있으면 하늘은 다른 사람을 찾을 것이다. 이처럼 괴로움과 어려움, 그리고 시련 등으로 성장하는 것은 사람뿐만이 아니다. 바다에서 사는 갑각류 역시 시련과 고통 등의 괴로움과 어려움 속에서 성장한다.

킹크랩, 바닷가재 등 갑각류는 성장을 위해 천적들로부터 자신을 보호해 주는 딱딱한 갑옷인 껍질을 벗어야 한다. 속살은 성장하여도 껍질은 커지지 않기에, 껍질을 벗어야 부드러운 속살에 살이 쪄 덩치가 커지기 때문이다. 그 다음 다시 성장한 속살의 크기에 맞게 껍질을 만들어 자신을 보호한다. 그러나 이 껍질을 벗고, 부드러운 살이 드러날 때, 천적으로부터 가장 많이 잡아 먹힌다. 하지만 성장을 하기 위해서는 죽음을 무릅쓰고 자신을 보호하던 껍질을 벗어야만 한다. 즉 가장 약한 상태가 되어야 성장할 수 있는 것이다.

킹크랩이나 바닷가재처럼 우리들의 삶도 이와 같이 괴로운 고통의 시간을 지나면서 더욱 단단해지고 강해지는 것 같다. 만일 지금 죽을 것처럼 괴로운 상황이라면 한 단계 더 성장하고 있다는 뜻이니 절대로 포기하지 말자. 조금만 더 버티다 보면 새로운 껍질, 즉 새로운 인생을 선물받을 것이다.

3부
....

취업 후,
회사 적응하기

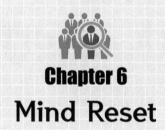

Chapter 6

Mind Reset

어깨 견장 바꾸기

상담을 하다 보면, 많은 제군들이 이런 말을 한다. "선배들이 말하길, 제복을 빨리 벗어야 사회에 적응할 수 있다고 하더군요." 그런 말을 하는 제군에게 항상 되묻는다. "쉽게 벗어지던가요?" 그러면 제군들은 그냥 웃거나, "노력하고 있습니다."라고 대답한다.

제복을 벗는다는 것은 쉬운 일이 아니다. 특히 계급이 높을수록 더욱 힘들다. 군대에서 영관급은 명령을 하달하는 직책이다. 여기에 반대 의견이란 있을 수가 없다. 상관의 명령에 절대복종(絶對服從)하고, 일사분란하게 움직이는 곳이 군대라는 조직이기 때문이다. 이런 조직 문화에 익숙한 제군들이 간부로 입사하여 부하 직원으로부터 반대 의견을 듣게 된다면, 또 현장직으로 취업한 제군에게 한참은 어린 반장이 실수하였다고 고함을 지른다면 어떻겠는가? 과연 수십 수백 명을 진두지휘하던 리더가 이런 상황에 쉽게 적응할 수 있을까?

얼마나 대단한 직업을 가졌다고 하루아침에 평생을 가지고 살아온 명

153

예심과 자존심을 다 내려놓겠는가? 제복! 벗지 않아도 된다. 제복은 그대로 입고 견장의 계급장만 바꾸라 권하고 싶다.

우선 회사라는 분위기에 익숙해지기 위해 노력하자. 첫 임관 때를 떠올리며, 다시 그 시절로 돌아간다고 마음을 먹는 것이다. 그때 당시 사수가 야단친다고 불쾌한 적이 있었는가? 오히려 모르는 걸 알기 위해 야단 맞는 것은 당연하다고 생각하며, 뭐든지 열심히 배우려고 하였을 것이다. 이처럼 어깨의 견장을 전역 전 계급장이 아닌 임관 때의 계급장으로 바꾸어 보자. 자존심의 계급장을 자존감의 계급장으로 말이다. 자존감은 인내에서 오는 것이 아니라, 긍정에서 만들어진다. 과거에 붙들려 미래를 힘들게 하지 말자.

자, 오늘은 부대에 처음 배치받는 영광스러운 날이다. 당연히 모든 것이 낯설 수 밖에 없다. 게다가 모든 사람들이 나보다 회사의 일을 잘 알고 있는 선임들이기에 잘 해낼 수 있을지 걱정이 앞선다. 그러나 제군들은 이미 신임 임관 시절을 겪어 본 베테랑이다. 그 당시 그랬던 것처럼 하나씩 배워간다는 마음으로 차근차근 노력하다 보면 어느새 즐거운 회사 생활을 하고 있을 것이다. 또 매일 하루를 시작할 때 '반갑습니다', '감사합니다', '미안합니다', '덕분입니다', '멋지십니다' 이 다섯 단어가 익숙해지도록 한 번씩 말해 보고 출근하자. 3개월 후에는 기적이 일어날 것이다.

어린 상사와 소통하기

취업에 성공한 제군들을 만나 대화를 하다 보면, 어린 상사와 소통하는 것을 어려워하는 경우가 많았다. 그럴 수밖에 없는 것이 제군들보다 몇 살은 어린 경우가 대부분이며, 많게는 10년 이상 차이가 나기 때문이다. 따라서 당연히 소통의 문제가 있을 수 있다. 특히 장기 근속 후 전역한 제군들은 심하면 자식뻘 되는 상사를 모시고 일해야 한다. 업무를 가르쳐야 할 나이에 오히려 자신보다 어린 상사에게 일을 배워야 하는 것이다. 여기까지는 괜찮다. 모르면 배워야 하는 게 당연하기 때문이다. 그러나 실수를 할 때마다 어린 상사에게 지적을 받으니 자존심이 무너진다. 하지만 그 어린 상사도 분명 나이 많은 부하 직원과 같이 일하기 불편할 것이다. 서로 같은 마음이고 상황인 것이다.

제군들은 소통이란 무엇이라고 생각하는가? 신세대와의 소통에 관심이 많아 시간 날 때마다 소통에 관련된 책들을 읽었다. 여러 전문가들이 한 말을 한마디로 종합해 보니, '소통'은 '공감'이었다. 이는 세대 간의 표현 방법이 달라졌을 뿐 우리 모두 알고 있는 내용이다.

소통을 잘하는 사람들의 공통된 특징은 바로 상대방의 말에 공감을 잘한다는 것이다. 국민 MC 유재석이 진행하는 프로그램을 잘 살펴보자. 그의 진행은 공감과 맞장구로 이루어져 있다. 출연자가 무슨 이야기를 하던 공감과 맞장구를 통해 분위기를 좋게, 또 재미있게 만든다. 그러한 이유 때문인지 선후배, 동료 연예인들 모두 유재석을 칭찬하며, 어느 한 사람도 그에 대한 험담을 하지 않는다. 한 가지 예를 들어 보겠다. 여기 유재석이 진행하는 프로그램에 한 출연자가 나와 자신이 경험하였던 이야기를 들려주고 있다. 이때 그는 출연자의 말에 아래와 같이 맞장구를 친다.

출연자 : 내가 어제 밤에 혼자서 ○○ 동네를 걸어가는데….

유재석 : 아! 그 동네 낮에 가도 사람들이 없어서 으스스하던데, 거길 밤에 갔어요? 혼자서? 우와~ 그래서요?

무서웠던 이야기를 하려는데, 진행자가 이런 말을 꺼내주면 출연자는 자신감이 생겨 더욱 그 이야기를 진지하게 이끌어 갈 것이고, 시청자도 그 장소를 무서운 곳으로 인지하고 이야기를 경청하게 될 것이다. 이처럼 유재석이 국민 MC가 된 여러 가지 이유 중 하나가 바로 상대방의 말에 '공감'을 잘한다는 것이다.

그렇다면 제군들은 어린 상사와 어떻게 소통하는 것이 좋을까?

➲ '역지사지(易地思之)'의 마음을 갖자

제군이 불편해하는 것만큼 어린 상사도 나이 많은 제군이 불편하다는 사실을 인정하고 먼저 다가가자. 인생의 경륜이나 삶의 지혜는 제군이 어린 상사보다 월등히 높다.

회사는 때가 되면 올라가는 연공서열 위주의 진급이 없다. 직책이란 그만한 역량과 능력을 갖추어야 주어지는 자리인 것이다. 비록 제군의 눈에는 상사의 여러 가지 면이 부족해 보일지라도 회사의 경영 방침이나 오너가 원하는 업무 성과를 이루었기에 그 자리에 있음을 인정하여야 한다. 따라서 어린 상사가 리더십도 부족하고, 도전 의식과 열정이 없는 것 같다고 무시하면 안 된다. 그러한 문제들은 제군이 나중에 그 자리에 올라가서 바꾸면 되는 것이므로 지금은 어린 상사의 직책과 권위를 인정해 주어야 한다. 사람은 높고 낮음이 없지만, 직위는 있다. 또 제군이 존중하는 건 상사의 직위이지, 나이가 아니다. 업무에 나이를 들먹이지 말자.

⊙ 면담을 요청하여 조직에서 어느 정도까지 기여하길 바라는지 물어보자

제군의 경험과 역량으로 인해 상사 나름대로 조직에 어떤 부분이 좋아질 것이라고 기대하는 것이 있을 것이다. 이것을 먼저 가서 물어보자. 자신을 낮추고 상사의 기대치에 부합하기 위해 다가오는 부하 직원을 매몰차게 밀어내는 상사는 없을 것이다. 이처럼 제군이 조직 내에서 무엇을 도울 수 있고, 어떤 부분을 잘할 수 있는지 상사와 소통하여 목표를 설정하고 일을 한다면, 보람도 더욱더 커질 것이다.

⊙ 업무 보고 방식에 대해 물어보자

상사가 어떤 업무 보고 방식을 선호하는지 알아야 한다. 만약 군에서 하는 방식으로 업무 보고를 하였다가 상사가 그런 보고 방식을 선호하지 않는다면, 여기서부터 두 사람 간에 오해가 생길 수도 있다.

업무 보고 방식에는 크게 두 가지의 방법이 있다. 하나는 업무 진행 상황에 변화가 있을 때마다 즉시 보고하는 것과 다른 하나는 주간 단위로 묶어서 한 번에 보고하는 방법이다. 만약 상황에 변화가 있을 때마다 즉시 보고하기를 원하는 상사에게 일주일씩 모아 보고한다면, 부하 직원이 자신을 무시한다고 생각할 수도 있다. 반대로 수시로 보고하는 것을 선호하지 않는 상사에게 즉시 보고하였다가는 '귀찮게 하지 마라'며 핀잔을 들을 수도 있다. 이러한 것들은 누구의 잘못도 아닌, 사람마다 업무를 처리하는 방식이 다르기 때문에 발생하는 작은 오해이다. 따라서 상사가 선호하는 업무 보고 방식을 파악하는 것이 매우 중요하다.

기업에서는 일일, 주간, 월간, 연간 업무 계획과 실적을 보고해야 한다. 또 본인의 업무 외에도 수시로 내려지는 부가(附加) 업무가 있다. 따라서 이러한 일들을 상사의 업무 보고 방식에 맞게 보고해 준다면, 원활한 소통으로 인하여 상호 간에 믿음과 신뢰가 생기게 될 것이다. 어느 조직이나 보고가 업무의 시작이고 끝이기 때문이다.

➲ '관용'과 '이해'로 먼저 사과하자

장년(壯年) 이후의 나이에도 사람들과 논쟁하고 다투어 이기려 하는 것은 아직 미성숙된 인격이며, 어른으로서 존중받을 자격이 없는 사람이라고 생각된다. 패기 넘치던 젊은 시절에는 열정과 고집, 도전과 실수를 통해 삶을 배워야 하지만, 지천명(知天命)의 나이에는 넓은 마음으로 이해하고 포용하며, 용서하고 배려하는 삶의 실천을 통해 지친 후배 직원들이 쉬었다가는 정거장 역할을 해주는 것이 좋다. 먼저 사과의 손을 내미는 것은 자존심이 없어서가 아니라 상대방과의 관계를 더 소중하게 생각하기 때문이다.

● 미소를 지어라

항상 웃어라. 근엄한 표정은 조직에서 스스로를 고립시킨다. 특히 제군의 나이가 많다면 더욱더 미소를 지어야 한다. 나이가 들면 무표정으로 가만히 있는 것도 무섭게 느껴지기 때문이다. 그러니 굳이 근엄해 보이려고 하지 않아도 된다. 또 장교로 전역하였다면 출근 후에 누구를 보더라도 먼저 반갑게 인사하자. 장교로 군 생활을 해 오던 제군들 대부분은 인사를 하는 입장이 아닌, 인사를 받는 입장이었을 것이다. 그렇기에 누군가에게 먼저 인사를 한다는 것이 쉽지 않을 수도 있다. 그러나 딱 1년 동안만 먼저 인사를 한다면, 회사에서 제군을 좋아하고, 따르는 사람들이 많아질 것이다. 부하에게는 가볍게, 상사에게는 정중하게, 딱 1년간만 해보자.

끝으로 이 글을 읽는 제군들 중, 청년 제군이 있다면, 앞서 말한 내용과 상반되는 상황이 될 것이다. 청년 제군이 입사한다면 어린 상사가 아닌, 연장자인 상사들이 더 많기 때문이다. 그런 상사로부터 일에 대해 자주 지적을 받는다면, 당연히 마음도 상하고 자신감도 떨어지게 될 것이다. 군에서는 중간 간부로서 일을 가르치고 명령하던 제군이 회사라는 조직에서 바보가 되어 가는 기분이 든다면, 절대 그런 것이 아니라는 것을 알았으면 한다. 상사는 관심이 없는 부하 직원에게는 잔소리도 하지 않는다. 모든 것이 다 제군이 잘되길 바라는 마음에서 나오는 관심이라는 것을 꼭 기억하자. 이와 관련된 이야기는 다음 장에서 더 자세히 다루도록 하겠다.

상사의 '지적'은 '관심'이다

직장에서는 지적도 그 사람에게 애착이 있어야만 해준다. '사랑'의 반대말이 '미움'이 아니라 '무관심'이라고 하지 않는가.

입사 후, 상사가 일도 많이 안 시키고 제군이 진행하는 일에 대하여 별 관심도 없으며, 보고를 하지 않아도 신경을 안 쓰고 지적 사항도 없다면, 그 회사에서 계속 근무를 해야 하는지 진지하게 고려해 보아야 한다. 조직은 내보낼 사람에게 일을 맡기지 않기 때문이다. 상사 역시 타인에게 자신의 이미지를 나쁘게 보여 가며 일을 가르칠 이유가 없다. 따라서 조직 내 문제가 생긴다면 제군은 정리 해고 1순위 명단에 있을 것이다.

기업은 군대와 다르다. 상사가 어느 날부터 업무 지시를 하지 않는다면, 다음의 두 가지 이유 중 하나일 가능성이 크다.

1. 직원의 역량 부족

'역량'이란 직무에 필요한 전문 지식만을 말하는 것이 아니다. 두세 가지의 다른 일들을 기한 내 동시에 처리할 수 있는 능력, 처음 하는 새로운 일에 대한 방향과 방법을 찾아서 목표를 달성할 수 있는 능력 등도 포함된다. 이것이 역량이고 경력이 되는 것이다.

직장은 상사가 지시한 일을 하면서 상사의 노하우를 배우는 곳이다. 즉 자신에게 주어진 고유 업무만을 열심히 한다고 해서 업무 능력과 역량이 늘어나는 게 아닌 것이다. 오히려 시간이 지날수록 자신의 역량이 줄어들게 된다. 군에서는 일이 적으면 좋을 수도 있지만, 직장에서는 아주 위험한 상황이다. 앞서 말하였지만, 직장은 내보낼 사람에게 일을 맡기지 않는다. 따라서 상사가 일을 자주 시키고, 잘못했을 경우 지적을 해주는 것은 좋은 징조이다. 상사의 지적은 곧 제군을 향한 관심이기 때문이다.

2. 일하기 불편한 사이

조직 내 업무는 크게 두 가지로 분류할 수 있다. 하나는 본인의 직무와 관련된 '고유 업무'이고, 다른 하나는 직속 상사가 수시로 지시하는 '수명(受命) 업무'이다.

고유 업무는 스스로 일정을 잡아서 해내면 되기에 큰 문제가 없지만, 수명 업무는 불특정하게 지시가 내려오고, 대부분 긴박하게 조사 및 보고를 해야 하는 일들이 많아 문제가 생긴다. 그중 수명 업무의 처리로 인해 고유 업무가 늦어지는 것이 가장 큰 문제이다. 고유 업무가 늦어지다 보니 자연스럽게 표정이나 말투가 날카로워지고, 상사의 말에 반항적으로 행동하게 되기 때문이다. 이때 자신과의 싸움에서 이기는 것이 매우 중요하다. 지금 제군에게 업무를 지시하는 상사도 이 과정을 다 거치고 그 자리에 있는 것이다. 따라서 이 시기가 제군의 능력과 인품을 평가하는 시기라고 생각하자.

상사도 감정과 기분이라는 것이 있다. 업무 지시를 할 때마다 부하 직원이 불편한 내색을 드러내거나 이런저런 이유로 할 수 없다고 하기도, 또 그 일을 왜 내가 해야 하느냐 그건 담당이 누구이니 거기로 내려야 하지 않느냐며, 업무 분장도 모르는 상사라는 뉘앙스의 반항적인 건의를 한다면, 업무 지시를 내리기 꺼려지는 직원이 된다. 그리고 이는 승진이나 성공의 기회에서 멀어지게 하는 원인이 된다. 그러므로 상사와 일하기 불편한 상황을 만들어서는 절대로 안 된다는 것을 명심하자.

정리하면, 고유 업무는 당연히 제군이 해야 하는 과업이고, 수명 업무는 제군의 잠재적 능력을 평가하는 과업이다. 따라서 일이 많다고 불평하면 제군의 잠재적 능력은 좋게 평가 받지 못할 것이다. 그렇게 되면 그 자리에서 벗어나지 못하고, 발전 없는 상태로 계속 머물게 된다.

마지막으로 SNS 등을 통해서 상사의 험담을 하는 행동 역시 절대로 하지 말아야 한다. 제군들은 모르겠지만, 누군가 반드시 당사자에게 그 말을 전달하기 때문이다. 이런 일이 반복된다면, 제군은 역량, 열정, 인정이라는 저울에서 가볍게 측정될 것이다.

그렇다면 어떻게 해야 할까? 누구나 할 수 있는 일 보다는 아무나 할 수 없는 일을 해내야 한다. 상사가 업무를 많이 준다는 것은 제군의 역량을 높이 평가한 것이고, 그만큼 신뢰하고 있다는 것을 의미한다. 이는 아주 좋은 현상이다.

속도 늦추기:
사장님들이 절대로 봐서는 안 되는 내용

처음부터 너무 잘하고 인정받는 사람이 되려고 하지 말자. 모르면 실수할 수도 있고, 잘못하면 지적당할 수도 있다. 군대에서는 전투 중에 발생하는 단 한 번의 실수로 부대원 모두를 잃을 수 있기에 리더는 완벽하게 임무를 수행해야 하지만, 사회에서는 너무 완벽하게 하지 않아도 된다. 오히려 처음부터 너무 잘하고 완벽하게 하면, 나중에 많은 업무를 부여받아 고생할 수도 있다. 천천히 가도 된다. 이제 인생 2막인데 무엇이 바쁠 게 있나. 힘이 든다면 잠시 내려놓고 쉬었다 가도 된다. 직장이란 '목숨을 다루는 전투장'이 아니며, 실패한다고 죽는 사람도 없다.

오르막이 있으면 내리막도 있다. 너무 빠른 승진은 내려오는 길도 가파르다. 천천히, 그리고 완만하게 이루어진 승진이 내려올 때도 안전한 것이다. 회사에서는 신입 사원이 실수를 해도 처음이라는 입장에서 이해하고 기다려 준다. 그렇다고 같은 실수를 반복해서는 안 된다. 또 잘못하여 지적을 받아도 스트레스를 받지 말자. 제군들에게 스트레스를 줄 정도로 상사가 화를 내었다는 건, 정작 본인은 엄청난 스트레스를 받고 있다는 말이다. '측은지심(惻隱之心)'의 시선으로 상사를 바라보자.

경희대에서 재직 중인 이내화 교수님은 'Life'의 가운데 글자에 'if'가 있는 이유를 '우리의 인생은 항상 예상치 못하는 변수가 생기기 때문이다.'라고 말한다. 즉 계획한 대로 되지 않는다고 속상해 하지도, 분해하지도 말라는 것이다. 인생이 우리들의 계획처럼 다 된다면 그것은 결코 재미있는 인생이 아니다.

용장(勇將)보다 덕장(德將) 되기

조직에 들어가면 자식이나 조카 또래의 젊은 사람을 동료로 만날 수도 있으며, 이들 중에는 사람에 대한 예의나 배려심이 없는 친구들도 있을 것이다. 또 이들의 반복되는 지적과 핀잔에 마음의 평정심을 잃기도, 한 대 쥐어박고 싶을 때도 있을 것이다. 이때가 바로 군 복무 시절, 불가능할 것 같은 임무를 수행하였던 '나는 할 수 있다'라는 절대 긍정의 힘을 발휘해야 하는 때이다.

제군들은 지금 제군 앞에서 잘난 척하고 있는 수십 수백 명의 젊은 친구들을 지휘하고 인생 상담도 해준 경험이 있는 훌륭한 어른이다. 삶의 경륜으로 보나, 조직 생활을 한 시간으로 보나, 또 생각의 크기로 보나 젊은 친구들과는 비교가 안 되는 사람들인 것이다. 게다가 제군들은 언제라도 손아랫사람인 젊은 친구들에게 호통을 칠 수 있으며, 회사를 그만두고 나갈 수도 있다. 그런다고 누가 제군들에게 손가락질하겠는가? 그러나 그런 일은 언제라도 할 수 있다. 회사는 군대가 아니다. 들어가는 것은 선택할 수 없지만, 의무 복무라는 규정이 없기에 나가는 것은 선택할 수 있다. 하지만 지금의 기분으로 당장 그만두기보다는 평정심을 되찾고, 차분한 마음으로 한 번 더 생각해 보자.

회사라는 조직에서는 상대가 잘못했을 때, 호통을 치거나 지적하는 것은 당연한 일이다. 하지만 그러지 않고 넘어가는 것은 '관용(寬容)'이고 '덕(德)'이다. 이는 마음이 넓어야 한다. 사람을 용서하고 배려하는 마음은 머리가 아닌 가슴이 있어야 가능하기 때문이다. 만일 제군들이 군이라는 조직에서 '용장(勇將)'이었다면, 사회에선 '덕장(德將)'이 되어 보자.

심리학자들은 대수롭지 않은 일에도 화를 잘 내는 사람들을 두고 '사랑을 필요로 하는 상태'라고 한다. 만약 제군들의 직장 동료 중에 그런 사람이 있다면, 그 사람을 용서하고 사랑해주자. 제군은 충분히 그럴 수 있는 삶의 경륜과 군이란 어려운 터널을 잘 지나온 훌륭한 인격자이지 않은가? 다시 한 번 말하지만 회사는 언제든지 그만둘 수 있다. 하지만 오늘은 아니다.

불만이냐, 제안이냐

일을 하다 보면 회사의 정책이나 규정, 또는 상사의 업무 지시 등에 불만이 생기고, '이런 업무는 이렇게 하는 것이 더 좋을 텐데…' 하는 개선의 아이디어도 생긴다. 후자의 경우는 문제가 없지만, 전자의 경우 불만에 대한 개선이나 변화를 위해 상사에게 자신의 생각을 말할 때는 주의하여야 한다.

업무 수행 중 발생한 문제로 인하여 업무 진행이 어렵거나 더 이상 할 수 없게 되었을 때, 이 문제를 그냥 보고하게 되면 '불평'이 된다. 하지만 문제에 대한 해결 방안을 같이 보고하면 이는 '제안'이 된다. 따라서 문제가 발생하게 되면 항상 그에 대한 해결 방안과 함께 보고하여야 한다. 이때, 그 해결 방안이 좋은 해결 방안이거나 좋지 않은 해결 방안인 것은 문제가 되지 않는다. 이 일에 대하여 최선을 다해 수행하겠다는 의지의 표현이기 때문이다.

회사에서 새로운 업무 또는 프로젝트가 시작되면, 습관적으로 불평불만을 하는 사람이 있다. 시작도 전에 문제점부터 찾는 이런 부류의 사람들은 업무나 프로젝트가 성공적으로 마무리되어도 좋은 평가를 받지 못한다. 만일 제군들이 새롭게 들어간 회사에서 이런 부류의 사람이 있다면, 가능한 어울리지 말라고 권하고 싶다. 불평불만이 많은 사람에게 배울 점은 없기 때문이다.

우리의 삶 자체는 늘 문제투성이며, 이러한 문제들은 해결되기 위해 존재한다. 그래서 로봇이 인간을 대처하지 못하는 것이다. 또 불가능한 업무를 지시하는 오너는 없다. 오너가 업무를 지시할 때는 어디에선가 하고 있거나, 충분히 알아보고 실현 가능한 사업이라고 판단하였기에 진행시키는 것이다. 사업이 잘못되면 직격탄을 맞는 것은 오너이지 직원들이 아니기 때문이다.

정리하면, 업무를 수행하다 보면 반드시 어려운 문제들을 만나게 된다. 이때 대안 없는 문제 보고는 '불평불만'이 되고, 문제를 해결할 수 있는 방안과 함께 보고하는 것은 '개선'과 '제안'이 된다. 이처럼 문제는 또 다른 새로운 길을 여는 열쇠가 된다는 것을 항상 명심하자.

오너들은 새로운 제안을 좋아한다. 그 제안들이 기업 발전의 원동력이기 때문이다. 따라서 개선에 대한 제안을 많이 하자. 단, 문제의 핵심을 정확히 파악하는 힘을 길러야 한다.

기업이란, 리더의 그릇만큼 성장한다

30여 년간 다양한 조직 생활을 통해 여러 직무를 수행하다 보니, 왜 개인 회사는 개인 회사 이상으로, 중소기업은 중소기업 이상으로 성장하지 못하는 것인지를 깨닫게 되었다. 바로 리더들이 가지고 있는 그릇의 크기 차이이다.

리더들의 가장 큰 약점이자 강점은 바로 자신의 경륜과 경험에 갇혀 있다는 것이다. 조직의 발전을 위해서는 나와 똑같은 생각을 가진 사람들이 아니라 다른 의견(반대 의견 아니다)을 가진 사람들이 있어야 한다.

발전은 시련과 고통을 거쳐 성장한다고 한다. 바닷가재가 성장을 위해 천적으로부터의 위험을 감수하고 딱딱한 껍질에서 몸을 꺼내야만 살을 찌우듯, 조직 내 나의 의견에 반대하는 사람이 한 명도 없다면, 그 조직은 성장하지 못한다.

생각의 다름과 틀림을 구분하지 못한다면 폭군이 된다.
허세를 그릇의 크기로 착각하면 안 된다.
아들딸아, 너의 그릇은 어느 정도냐?

Chapter 7
직장 생활,
절대로 잊지 말아야 할 것!

변화를 두려워하지 말자

과거 신입 사원 시절, 일을 맡으면 '좀 더 효율적으로 하는 방법은 없을까?', '이 일을 꼭 이렇게 처리해야만 할까?' 하는 생각을 항상 가지고 있었다. 봉급을 받기 위해 일을 하지만 그것이 삶의 목표는 아니었으며, 다람쥐 쳇바퀴 돌듯 의미 없이 반복되는 생활이 싫었다. 뭔가 '나'라는 흔적을 남기고 싶었던 것이다. 그렇게 이것저것 혼자 시도하다 실수도 많이 하였고, 상사로부터 꾸지람도 많이 들었다. 또 시키지도 않은 일을 하여 일을 만든다는 이유로 상사에게 찍혀 진급에 누락되기도 하였다.

하지만 지금 와서 생각해 보면, 그때의 실수들이 조금 더 똑똑하게 만들었고, 많은 실수를 통해 프로가 될 수 있었던 것 같다. 또 현장을 직접 발로 뛰며 확인하였던 덕분에 부지런함이 몸에 배겼으며, 그 부지런함이 남들보다 한 발짝 더 움직이게 하는 원동력이 되었다. 그리고 이러한 경험과 행동 덕분에 남들보다 조금 더 빨리 경영진에 입성할 수 있었던 것 같다.

이처럼 삶에는 상황만 존재할 뿐, 정답은 없다. 잃는 것이 있으면 얻는 것도 있고, 그 반대도 있는 것이다. 따라서 실수 몇 번 했다고 기죽을 필요가 전혀 없다. 실수는 그저 또 하나의 경험이고, 이러한 경험들이 있어야 한 단계 더 성장할 수 있기 때문이다.

군대라는 조직과 기업이라는 조직은 다양한 세대들이 공존하고 있다는 공통점이 있지만, 그 속에서 자리 잡고 있는 문화와 실수를 용인하는 정도는 확연히 다르다. 그렇기에 군 복무 시절처럼 직장 생활을 한다면 조직에 적응하기가 어려울 수도 있다. 따라서 다음 장부터는 기업의 말단 신입으로 입사하여 임원이 되기까지 산전수전, 공중전, 세균전 등을 치르며 경험하고 배운 '직장 생활 적응 방법'에 대해 말해보려고 한다. 많은 제군들이 참고하여 직장 생활을 이어가는 데 조금이라도 도움이 되었으면 좋겠다.

구직 목표는 입사가 아니다: 합격은 시작의 관문!

입사는 끝이 아닌 새로운 시작이다. 오래전 우리나라 교육에 대해 특집 방송을 한 적이 있는데, 아직까지 기억에 남는 부분이 있다. 방송에서 우리나라 학생들은 미국의 명문 대학교 입학을 목표로 정말 죽기 살기로 열심히 공부를 하였다. 그리고 상당수의 학생들이 목표로 하던 대학에 당당히 합격하여 대학 생활을 이어나갔다. 그러나 반대로 학교 생활에 적응하지 못하고 마약 등 범죄 조직에 빠져서 다시 한국으로 돌아오는 학생들도 있었다. 이후 왜 그런가에 대하여 조사를 해 보니 부모님들이 아이들의 삶의 목표를 '명문 대학교 입학'까지만 설정해 주었기 때문이었다. 이제 대학생이 되었으니 알아서 할 것이라는 생각으로, 자녀들의 다음 목표를 설정해 주지 않은 것이다. 이러한 이유때문인지 우수한 성적으로 가장 많이 합격하는 한국 학생들은 1년 내 학사 경고를 받고, 가장 많이 자퇴를 하고 있었다.

이 이야기를 하는 이유는 대학 입학이 목표가 아니라, 왜 그 학교에 입학하려 하였는지에 대한 명확한 목표가 있어야 한다는 것이다.

173

이러한 목표 설정은 학생들에게만 해당하는 것이 아니다. 어른인 우리들도 어느 회사에 입사할 것인지 목표가 정해지면, 입사 후 무엇을 이룰 것인지에 대한 목표를 명확하게 설정해야 한다. 그렇지 않으면 자신의 정체성이 없어지기 때문이다.

많은 제군들이 기업에 입사하면 동료들과의 '소통' 부분에 가장 많은 신경을 써야 한다고 생각하는 것 같다. 물론 소통도 중요하다. 하지만 회사라는 조직은 사교보다 업무 역량을 더 중요하게 생각하는 곳이다. 그러므로 혼자서 두세 가지 업무를 동시에 처리할 수 있는 역량을 키우는 것이 우선시되어야 한다.

또 입사를 하면 자신이 왜 이 직무에 지원하였는지, 직무 담당 부서의 목표는 무엇이며, 정확히 어떤 일을 하는 곳인지 파악하는 것이 중요하다. 그리고 그 목표를 달성하기 위해 자신은 무엇을 할 수 있으며, 어떤 부분이 부족한지, 부족한 부분을 채우기 위하여 어떤 노력을 해야 하는지 계획을 세워 시작하여야 한다. 이때 어떤 식으로 계획을 세워야 하는지 모르겠다면, 업무를 먼저 시작한 선배들에게 조언을 구하는 것도 하나의 방법이다. 직장 선후배는 나이가 아닌 근무 연수로 정해진다. 비록 제군보다 나이가 어리더라도 먼저 다가가 조언을 구하는 용기가 필요하다. 모르는 걸 물어보는 것은 전혀 창피한 일이 아니다. 오히려 모르면서 아는 체 하는 것이 창피한 것이다.

이렇듯 입사를 위한 준비보다 입사 후 정착과 안정을 위한 준비가 더욱 중요하다. 다시 한 번 강조하지만, 입사는 목표가 아니라 시작이다.

내가 제대 군인 대표!

신규 일자리 발굴을 위해 보안·경비 업체를 방문하면서 인사 담당자들에게 비슷한 내용의 이야기를 여러 번 들은 적이 있다. 대부분의 제군들이 입사 초반에는 업무를 지시하면 묻지도 따지지도 않고 최선을 다해 수행한다고 한다. 그러나 일이 파악되고 조직에 익숙해지면, 자신의 생각과 조금이라도 다른 업무 지시에는 규정과 원칙을 내세워 거부하는 일이 빈번해진다는 것이었다. 심지어 잘 다니던 기존 직원들까지 부추겨 퇴사하게 만들고, 급여 지급 다음 날 예고도 없이 문자로 퇴직 의사를 통보하기도 한다고 하였다.

이런 이야기와 비슷한 이야기를 중소기업 대표이사에게도 들은 적이 있었다. 절도 있는 모습과 의리, 또 책임감을 기대하고 특수경비 부문에 여러 명의 제군들을 채용하였는데, 거기서 군 기수 선후배들 간에 심한 몸싸움이 있었다고 한다. 많은 기대를 가지고 채용하였지만, 기대하던 모습과는 정반대였기에 실망감도 크게 들었다고 하였다. 그리고 그 이후로는 절대로 군인 출신은 채용하지 않는다고도 하였다.

이런 일들이 사건을 겪은 기업만으로 끝나면 그만이지만, 소문은 꼬리에 꼬리를 문다. 이 사건 이후 정기적으로 오던 제군 채용 의뢰가 거짓말처럼 뚝 끊겨 버렸다. 후배들의 취업 길이 다 막혀 버린 것이다. 물론 이러한 이야기들은 일부 사람들의 이야기이다. 아직도 좋은 제군들을 추천해주어서 감사하다라는 말을 훨씬 더 많이 듣는다.

이처럼 제군들 모두가 알고 있어야 하는 것이 하나 있다. 일반인들이 문제를 일으키면, 그냥 '저 사람이 문제구나.' 하며 당사자만을 욕하고 징계하지만, 제군들이 문제를 일으키면 '아, 군인들은 우리와 맞지 않는구나.' 하며 모든 제군들을 안 좋게 본다. 제군들에 대한 부정적 이미지 프레임이 씌워지는 것이다. 이는 명예롭고 강직하며, 충성이 몸에 밴 멋진 군인들에 대한 기대치가 커서 실망감이 큰 것일 수도 있다. 그러므로 이 글을 읽는 제군이 50대라면 관용과 인내, 그리고 큰형과 같은 마음으로, 40대라면 경쟁보단 협업(Collaboration)한다는 마음으로, 또 20~30대라면 배움의 마음으로 적용해주면 좋겠다.

기업은 각 직무들이 모여 하나의 목표를 달성하는 곳이다. 따라서 나만 잘한다고 되는 것이 아니라 모두가 잘해야 한다. 처음부터 어느 줄에 설 것인가 고민하지 말고 묵묵히 맡은 직무에 최선을 다하다 보면 제군들을 끌어줄 줄이 생길 것이다.

마지막으로 삼성그룹 고(故)이건희 회장이 취임식 때 한말을 소개한다.

"뛸 사람은 뛰고, 걸어갈 사람은 걸어가고, 또 놀 사람은 놀아라. 안 내

쫓는다. 그러나 제발 다른 사람의 발목은 잡지 마라. 왜 잘 가는 사람의 방향을 돌려놓느냐?”

시대의 흐름에 역행하는 바보 선배가 되지는 말아야겠다.

눈치껏 중간에 서면
승진은 후배가 한다

이런 말이 있다. '가만히 있으면 중간은 간다', '모난 돌이 정 맞는다'. 틀린 말은 아니다. 하지만 이 말은 정해진 법과 규칙을 준수해야 하는 직무들을 말하며, 공공기관에 속해 있는 직무 대부분이 여기에 해당될 것이다. 준수해야 하는 법에 융통성이 생기면 안 되기 때문이다. 그러나 회사는 다르다. 물론 사내 규정과 규범이 존재하지만, 이는 절대권을 갖는 법이 아닌 환경과 상황에 따라, 또 회사의 이익을 위해서 언제라도 바뀔 수 있는 규정이다.

회사는 정해진 규칙에 맞춰 맹목적으로 일하는 직원보다는 문제가 있으면 개선하고 도전하여 회사의 발전에 기여해 주는 직원을 원한다. 따라서 남들과 똑같이 생활하고, 시키는 일만 하면서 시간만 보내게 된다면, 승진이라는 보상에서 멀어지게 된다. 기업에서 승진이라는 것은 여러 가지를 의미한다. 위로 올라갈수록 회사를 대표하는 힘과 권력, 그리고 부와 명예가 주어지는 것이다. 여기에는 당연히 책임감도 포함된다.

대부분의 기업에서는 신입 사원에서 대리라는 직급까지는 개인적인 업무 역량만으로 평가하지만, 부서장인 과장급 이상부터는 업무 역량보다 리더십에 더 큰 비중을 두고 평가한다. 따라서 대리라는 직급까지는 리더십보다는 직무에 두각을 드러내고, 과장급 이상부터는 군에서의 리더십을 발휘하여 두각을 드러내면 된다. 그럼 오너는 자신의 권력 일부를 제군에게 떼어 줄 것이다.

제군이 입사하는 날부터 어디에서 무엇을 하는지 오너는 항상 지켜보고 있다. 열정을 가지고 즐겁게 일하며, 동료 직원들이 회피하는 과업이 있다면 먼저 손들어라. Yes! I'll do it!

'틀린 것'과 '다른 것'

　직장인들의 안줏거리는 상사라는 말이 있다. 기업이라는 곳은 생각과 가치관이 다른 사람들이 조직이라는 테두리 안에서 한 가지 목표를 달성하기 위해 모인 집단이다. 당연히 목표를 이루기 위한 생각과 방식이 사람들마다 다르며, 이 과정에서 서로 충돌이 생길 수밖에 없는 구조인 것이다. 그러나 목적을 달성하는 데 있어 모두의 의견이 같다면 그 회사는 곧 망하고 만다. 반대 의견이 없는 회사는 발전할 수가 없기 때문이다. 오른쪽이 있으면 왼쪽이 있어야 균형이 잡히는 것이다. 따라서 의견 충돌이 있다는 건 모두가 자신의 일에 열정과 고집이 있다는 것이고, 목표 달성을 위한 여러 가지 방법이 있다는 것을 의미한다.

　업무 중 서로의 의견이 맞지 않아 충돌이 생기면, 자신의 생각과 맞지 않다는 이유로 상대방의 의견을 비판하는 사람들이 있다. 더 나아가 자기 통제력을 잃고 상대방의 인간성까지 험담하는 사람들도 있다. 일은 일로 풀어야 한다. 일에 개인적인 감정을 섞으면 안 된다. 나와 생각이 '틀린 것'이 아니라 '다른 것'이다.

아마추어는 '틀리다'고 생각하고, 프로는 '다르다'고 생각한다. 또 아마추어는 상대의 말을 들으려 하지 않기에 발전이 없지만, 프로는 상대의 말에 귀를 기울이고, 자신의 의견과 다른 의견이라도 경청하여 끝까지 듣는다. 이처럼 '상사가 왜 이런 방향으로 업무 지시를 하였을까?' 하는 객관적인 시각을 가지려고 노력하고, 긍정적인 방향으로 지시 사항을 해석해 보자. 인정받는 직원이 될 것이다.

영점사격

프로 정신

과거 임원으로 재직하던 시절, 업무 개선에 있어 서로의 의견이 무조건 좋다고 하는 직원들에게 크게 야단을 쳤다. 자신의 생각이나 의견을 말하지 않고, 아무 문제가 없다고 하는 것은 큰 문제이기 때문이다. 편안함에 그냥 안주하자는 것은 발전 없이 그 자리에 머물자는 말이고, 이는 곧 다 같이 죽자는 말이다. 사회와 고객의 니즈는 우리가 자는 시간에도 끊임없이 변하며, 그 변화에 따라가지 않는 기업은 망하게 되어 있다. 그렇기에 기업은 끊임없는 변화에 빠르게 적응하여야 하는 것이다(이것이 5천만 원으로 시작한 회사를 50억 원까지 끌어올린 비결이다).

아마추어는 '사후 수습'을 하고, 프로는 '사전 예방'을 한다. 조직이 변화에 둔감한 것은 아마추어들이 많기 때문이다. 따라서 기업의 오너는 프로들이 필요하다. 평소에 자신의 일에 애착을 가지고 집중을 하다 보면, 반드시 바뀌었으면 하는 점이 보이기 마련이다. 안 보이는 것이 더 이상하다.

지붕의 점검은 해가 맑은 날 해야 한다.

상사의 생각 읽기

조선업이 한창 발전하였을 때, 모든 조선소에는 선박 건조용 부지가 턱없이 부족하였다. 그래서 모든 조선소들이 부지를 확보하기 위하여 총력을 기울이던 때가 있었다. 이때 모 조선소 회장이 선박 부지 조성을 위해 바다를 끼고 있는 부지를 매입하여 선박 건조용 부두(Dock)를 만들었다. 이후 충분한 부지를 확보하였음에도 불구하고 회장은 계속해서 인근의 작은 섬들을 매입하라고 지시하였다. 이에 자금부 임원들은 회장이 땅 투기하는 것 아니냐며 수군덕거렸다. 이때 한참을 생각하던 비서실장은 자금부에 자금을 더 확보하여 섬들을 계속해서 매입하라고 지시하였다. 나중에 밝혀진 사실이지만 회장은 조선업이 언제까지 활황하지는 못할 것이라고 판단하여 섬과 조선소를 연결한 볼거리, 즉 관광업을 생각하며 섬을 매입했던 것이었다. 이처럼 비서실장은 다른 사업을 준비하고 있는 회장의 생각을 읽었고, 다른 임원은 그러지 못하였다. 신사업 사장 직책에 누가 선발 되었겠는가? 당연히 비서실장이었다.

현업 시절, 간부들에게 한 말이 있다.

"여러분들도 임원이 되고 싶다면 나를 이해할 수 있어야 한다. 아니 대표이사가 되고 싶다면 대표이사를 이해하려고 노력해보라. 그리고 대표이사의 지시가 이해가 될 때 여러분들은 사장이 되어 있을 것이다."

그렇다고 소신도 없이 상사의 눈치만 보고 맞추어 살라는 말은 아니다. 소신은 자신감에서 나오고, 자신감은 지식에서 나온다고 한다. 그렇기 때문에 많이 배우고 다양한 실전 경험을 쌓는 것이 중요하다. 또 업무에 대하여 충분히 알기 전까지 자신을 드러내지 않는 것도 처세술의 한 방법이다. 자신을 낮추면 더 많은 것들이 보이기도 한다.

영점사격

기업의 인재 '똑부' 되기!

'현대그룹'의 창업주 '정주영 회장'이 한 유명한 말이 있다. 그는 기업에 있어서는 안 되는 인력과 꼭 필요한 인력, 또 있으나 마나 한 인력을 이렇게 분류하였다.

- 멍게(멍청하고 게으른 직원): 문제 발생 시, 그 문제에 대한 핵심을 파악하지 못하고, 대안도 없으며, 시키는 일만 하는 직원(일보다는 회사의 복지와 급여에만 가치를 두는 부류)
- 멍부(멍청하고 부지런한 직원): 문제 발생 시, 핵심을 파악하지 못하여 엉뚱한 대안을 만들고, 여기저기 일만 벌려 놓는 직원(부지런해서 사고만 만든다)
- 똑게(똑똑하지만 게으른 직원): 문제 발생 시, 핵심을 정확히 파악하여 신속하게 해결하지만 스스로 일을 찾아서 하지는 않음, 시키는 일만 성과를 내는 직원

- 똑부(똑똑하면서 부지런한 직원) : 문제 발생 시, 핵심을 정확히 파악하고 신속하게 해결하며, 스스로 일을 찾아 개선과 변화를 시도하는 셀프 리더 직원

정주영 회장은 전자의 둘은 색출하여 조직에서 방출시키고, 후자의 둘은 회사에서 찾아 키우라고 하였다. 계열사의 사장 자리는 당연히 '똑부'에서 선발되었고, '똑게'에게는 적극적인 동기 부여를 주어 '똑부'로 만들어 갔다고 한다.

제군들은 지금 어디에 속해 있는가?

아부의 달인 되기

대부분의 사람들은 윗사람에게 아부하는 것을 싫어한다. 아부라는 단어가 주는 부정적이고 간사한 이미지와 더불어 아부를 하기 위해서는 자존심을 내려놓아야 하기 때문이다. 그러나 위계질서가 있는 조직 생활에서는 어느 정도의 아부도 필요하다고 생각한다. 다만, 여기서 말하는 아부는 자신의 사리사욕을 채우기 위한 '간신 아부'를 말하는 것이 아니다.

아부의 사전적 의미는 '남의 비위를 맞추어 알랑거림'이다. 비위를 맞추는 것은 듣기 싫은 소리를 하지 않는 것도 포함되며, 듣기 거북한 말을 다른 적절한 단어로 대체하여 편안하게 전달해 주는 것도 이 범주에 포함된다. 아부도 능력이다. 하지만 아부를 할 때도 지켜야 할 선이 있다. 다음과 같이 귀족 아부를 해라.

① 귀족 단어를 사용하자. 부하 직원이 잘한 일에는 존중 단어를 사용하여 칭찬하고, 실수를 했다면 한 번쯤 모르는 척 넘어간다.
② 상사의 휴대폰 번호를 등록할 때는 손발이 오그라들 정도로 멋진 이름으로 등록한다.

③ 자리에 없는 사람은 칭찬하고 지적할 것이 있는 사람에게는 직접 가서 말한다.

④ 동료들의 칭찬은 많이 하고 지적은 하지 않는다.

⑤ 후배 직원과 절대 상사의 험담을 하지 마라! 나도 험담의 대상이다.

⑥ 상사는 없을 때 존경해야 한다. 당신의 험담은 반드시 당사자의 귀에 들어간다.

⑦ 칭찬에는 '덕분입니다', 지적을 받았을 경우에는 '열심히 하겠습니다'가 모범 답안이다.

⑧ 상사가 오해하여 생긴 일이 있어도 타인들 앞에서 시시비비를 따지지 말자. 상사도 사람이다. 진실이 알려지면 당신을 더욱 신뢰할 것이다.

⑨ 어떠한 경우라도 상사와 논쟁하지 말자. 득보다 실이 많아진다. 회사는 당신보다 오래 근무한 상사를 더 신뢰하고 있다.

논리적인 이론과 지식으로 상대와 논쟁하여 이기는 똑똑한 사람보다, 역지사지의 마음으로 배려와 존중, 그리고 인내를 통해 상대의 마음을 얻는 현명한 사람이 되기를 바란다.

직장 내 성공은
100% 인간관계에 달려있다:
남에게 대접받고 싶다면
남을 대접하라

사람들이 모여 있는 집단에서 험담은 빠질 수가 없다. 서로 의견이나 생각이 다르다 보면, 자연스럽게 불만이 생기기 때문이다. 그러나 제군 앞에서 다른 사람을 험담하는 사람은 뒤에서는 제군을 험담하고 다닐 것이며, 제군 앞에서 다른 사람을 칭찬하는 사람은 뒤에서도 제군을 칭찬하고 다닐 것이다. 따라서 동료 직원도 가려서 사귀어야 한다. 뒤에서 남 말 하기 좋아하는 사람치고 출세하는 사람은 없다.

가장 장수한 정치인으로 불리는 고(故)김종필 의원이 무난하게 은퇴에 연착륙한 이유는 여야 구분 없이 정치 세풍에 휩쓸리지 않고, 뒤에서 그 누구의 험담도 하지 않은 강직함 때문이다. 꼭 할 말이 있으면 당사자의 면전에서 하였다고 한다.

다른 사람의 험담을 하는 것이 잘못되었다는 것을 알면서도, 막상 행동으로 실천하기는 힘든 일이다. 하지만 이는 꼭 실천해야 하는 리더의 덕목 중 하나이다. 말이 많으면 실수가 많고, 행동이 크면 일을 그르친다는 옛말도 있다. 열 척의 칼보다 세 치의 혀를 조심하라 하지 않는가.

조직 내에서는 가능한 유순한 성격이 좋다. 그러나 그동안 정말 많은 제군들을 만나 이야기를 나누어 본 결과, 욱하는 다혈질의 성격을 가진 제군들이 많았다. 특히 계급이 높을수록 다혈질인 경향이 강했으며, 위관급보다는 영관급에서 그런 성향이 조금 더 보였다. 이는 조직의 위계와 연관이 깊은 듯하다. 군대는 명령 체계가 기본인 조직이다. 그런 조직에서 영관급은 작전을 계획하고, 명령을 하달하는 위치에 있었고, 위관급은 하달 받은 명령을 일사불란하게 수행하는 위치에 있었다. 따라서 영관급의 명령에는 반대 의견이란 있을 수가 없었다.

이처럼 지시하면 움직이는 조직과 환경에 익숙해져 있다가 자신의 생각과 의견에 반대 의견이 나오는, 심지어 틀렸다고도 하는 사회에 나와 보니 감정 컨트롤이 안 되는 것이다. 그래서 자신도 모르게 버럭 소리를 지르기도 하고, 분을 참지 못하고 일하던 곳에서 뛰쳐나오기도 한다. 하지만 사회에서 이렇게 행동하면 본인만 손해이다. 어떤 논쟁이 생기면 이성·논리적으로 설득을 해야 하는데, 버럭 소리부터 지르면 타인에게 부정적인 이미지를 심어준다. 즉 더 이상 이야기하고 싶지 않은 사람이 되어버리는 것이다. 사회에서 이는 고립되어 간다는 의미로도 해석할 수 있다.

대기업에서 단체 토의면접을 보는 것도 이러한 이유 때문이다. 자신의 의견과 다른 사람들 속에서 어떻게 합일점을 찾아가는지 과정을 지켜보기 위한 것이다. 이때 자신의 생각만 주장하는 사람이나 감정 컨트롤이 안 되는 사람 등은 최하위 점수를 준다. 이처럼 사회는 적응과 생존을 위하여 수많은 사람들의 생각과 가치관을 합쳐야 하는 곳이다. 따라서 제군이 모든 분야의 전문가가 될 수 없다는 사실을 인정하여야 한다. 또 제군의 생각과 의견이 무조건 맞다며 맞장구치는 사람은 '자아도취'라는 우물 안으로 제군을 밀어넣는 몹쓸 사람이다. 사회에서는 제군과 다른 생각을 가지고 있는 사람을 많이 만나보는 것이 좋다. 서로 다른 의견을 주고받으며 생각의 차이를 느껴보고, 제군의 의견과 다른 의견도 또 하나의 다른 생각으로 받아들여 보는 것이다. 그래야 한 단계 더 성장할 수 있다. 리더는 자신에게는 엄격하고 남에게는 관대하여야 한다고 하지 않는가. '이게 맞다!'가 아니라 '이게 맞는 것 아닐까?'라고 다른 의견이 나올 수 있는 틈을 만들어 주면서 대화해 보자.

30여 년간의 직장 생활을 통하여 다양한 성격의 사람들을 만나 배운 것 중 하나는, 화를 잘 내는 사람 대부분은 멘탈이 약하다는 사실이다. 누군가 자신의 내면에 있는 약한 부분을 볼까 봐 일종의 '화'라는 방어막을 치는 것이다. 이러한 사람들의 과거를 보면, 마음에 상처가 있는 사람들이 대부분이었다.

잘해주는 것도 없는데 평판이 좋은 사람은 상대방이 잘하는 4가지를 칭찬하고, 못하는 6가지를 덮어준다. 반면 잘해주고도 욕을 먹는 사람은 상대방이 잘하는 4가지는 덮어두고 못하는 6가지를 고쳐주려고 지적한다. 이처럼 잘해주고도 욕을 먹는 사람은 되지 말아야 하지 않겠는가? 따라서 오늘부터는 제군의 주변에 있는 사람들을 인정해주고, 그들을 칭찬해주는 분위기를 만들어 보자. 제군을 따르고, 존중해주는 사람들이 늘어날 것이다.

불경에 이런 이야기가 있다.

하루는 석가모니가 제자들과 같이 한 마을을 지나는데, 동네 불량배들이 석가를 보고 비웃으며 사기꾼이라고 욕을 하였다. 그 소리를 들은 석가의 제자 한 명이 "스승님, 제가 저 불량배들을 당장 혼내주겠습니다. 허락해주십시오."라고 하였다. 석가는 조용히 그 제자를 보고 "내가 너에게 금덩이를 하나 주고 네가 그것을 받았다면, 그 금덩이는 누구의 것이냐?" 물었고, 제자는 "제 것이지요."라고 답하였다. 석가가 다시 "그럼 그 금덩이를 네가 받지 않았다면 누구의 것이냐?" 묻자, 제자는 "그럼, 스승님의 것이지요."라고 답하였다. 그러자 석가가 "그럼 저들이 하는 말을 내가 받지 않는다면 그건 누구 것이냐?" 하며, 그 불량배들을 보고 평온한 미소를 짓고 지나갔다.

상대방이 불쾌하고 모욕적인 말을 하였어도 그것을 받아들이지 않는다면, 그건 욕한 사람의 것이다. 마음을 다스리는 지혜로 담아두면 좋겠다.

불가능을 가능하게 만들고, 안 되면 되게 하라는 군의 정신세계는 일반인들은 상상도 할 수 없을 만큼 냉혹하고, 단단하며, 강인하다. 전투에서 옆의 전우가 총탄에 맞아 쓰러지면 분노와 화가 치밀어 오르는 것도 바로 이 군인 정신 때문이며, 그 정신으로 전투에서 승리하는 것이다. 이처럼 불가능을 가능하게 하고, 안 되면 되게 하는 절대 긍정의 계급장을 하루라도 빨리 달면 직장 생활이 즐거워진다.

90년생과 친해지기

먼저 1990년생과 친해지려면 그들이 살아온 환경을 이해하는 것이 매우 중요하다. 따라서 각 시대별 직업관에 대해 짚어 보고 이야기를 시작하려고 한다.

⊖ 6070세대 : 산업화 이전 세대

직장이란 가족의 생계를 위한 일터로 삶의 전부였기에 봉급을 받고 일을 할 수 있다는 것 자체가 감사하고 고마운 시대였다. 또 사장은 직장에서 절대적인 존재였으며, 군대와 비슷한 상명하복의 조직 구조였다. 따라서 윗사람에게 잘못 보이면 그대로 직장에서 쫓겨났고, 가족의 생계에 적신호가 켜졌다. 이 시대를 상징하는 대표적인 단어로는 '베이비부머', '아날로그' 등이 있으며, 인간의 욕구 5단계 이론으로 유명한 애브라함 매슬로(AbramH. Maslow, 1908~1970년) 이론 중, 1~2단계에 해당하는 '생존과 안전의 욕구' 사회였다.

현재 이 세대에 해당하던 사람들은 한 회사의 오너 또는 고문으로 현직에 있거나 은퇴하였을 것이다.

191

◈ 4050세대 : 산업화 이후 세대

자동화에 따른 대량 생산으로 인해 풍부한 생필품이 등장하던 시대로, 경쟁 기업 간의 상품의 차별화 전략과 전술이 기업 생존의 유일한 방법이었다. 또 번영을 위한 기획, 관리, 인사 등 관리 직무의 세분화 및 고도화가 필요하던 '화이트칼라' 즉, '관리자 전성 시대'였으며, 아날로그에서 디지털로 넘어가는 변화를 경험한 세대이다.

이 시기에는 국가 간에도 공산주의, 자유주위로 나누었던 사상적 대립이 아닌, 자국의 경제 발전을 위해 동서남북이 국경을 초월하여 경제 협력을 하는 경제 이데올로기 시대로 진입하고 있었다. 또 노동 인력의 고학력화, 노동 권리의 상승, 노동법 강화 등으로 기업의 사회적 책임이 강조되었으며, 매슬로 욕구 이론 중, 3~4단계에 해당하는 '사랑과 소속의 욕구' 사회였다.

이 세대까진 6070세대로부터 일을 배웠기 때문에 '나보다 조직을 우선'으로 하는 직업관을 가지고 있다. 현재 이 세대에 해당하던 사람들은 임원 또는 고위급 간부로 현직에 있을 것이다.

◈ 2030세대 : 정보화 시대(밀레니엄 세대)

이 세대에게 직장은 그저 자아실현을 위한 장소일 뿐이며, 평생직장이라는 개념은 사라지고 없다. 따라서 이직에 대하여 큰 의미를 두고 있지 않기에 일을 하다가도 행복하지 않으면 그만둔다. 더 이상 좋은 직장에 입사하는 것이 삶의 목표가 아닌 것이다. 또 이전의 세대와는 다르게 누군가가 시켜서 일하는 것이 아닌, 일을 하는 이유를 알아야 움직이며, 단체보단 개인적 취향을 우선으로 생각하고, 급여보단 자신의 시간을 많이 가질 수 있는 직업을 선호하는 세대이다. 이 시대를 상징하는 대표적인 단어로는 '무한 경쟁', 'IT 강국', 'IOT', '빅데이터' 등이 있으며, 매슬로 욕구이론 중, 최상위 단계에 해당하는 '자아실현의 욕구' 사회이다.

위와 같이 시대의 변화에 따라 적응하였던 세대 간 삶의 방식과 생각, 그리고 가치관은 분명 다르다. 살아온 환경에 따라 차이가 있는 것인데, 오늘날의 조직에는 직업관과 사고의 엄청난 차이가 있는 이 모든 세대가 함께 생활하고 있다.

산업화 이전의 세대(대부분 경영진일 것이다)는 '생존'이라는 키워드로 삶의 최우선은 직장 생활이었으며, 산업화 이후의 세대(대부분 중견 간부 이상일 것이다)는 '경쟁'이란 키워드로 자신의 성장을 지향하였지만, 일을 통한 조직 내 성장이 더 중요하였으므로 직장 일(업무)을 우선으로 하였다.

'정보화 시대', 'MZ 세대'라고도 불리는 1990년대생들은 발달된 정보 기술(IT)과 인터넷을 통하여 사회의 여러 민낯과 문제들을 다양한 시각에서 바라보며, 많은 지식을 쌓게 되었다. 나이 많은 어른들보다 사회 전반에 대하여 더 많은 정보와 지식을 가지고 있는 것이다. 과거, 정보가 부족하던 시기에는 선배들의 기분을 맞춰주며, 깍듯하게 대하여야 하나라도 더 배울 수가 있었다. 그러나 오늘날에는 선배들보다 후배들이 지식적 정보를 더 많이 알고 입사한다. 어설픈 지식으로 아는 척하면 안 되는 것이다.

이런 90년대생들이 입사하고 있다. 싫든 좋든 앞으로 같이 일을 해야하는 세대인 것이다. 또 이들 세대가 장래 고객들이다. 따라서 제군들이 취업 또는 사업을 하려 해도 이 밀레니엄 세대의 특징을 알고 있어야 한다.

디지털 세대라고도 불리는 이 세대는 정보 기술의 발달로 어려서부터 수많은 플랫폼을 통하여 사회 전반에 걸친 잘못된 제도와 문제점에 대해 다양한 평론과 지식을 접하며, 자신의 권익을 지키는 방법에 대해 배워왔다. 또 이 세대들에게 직장이란 자신의 행복한 삶을 위한 수단(Tool)일 뿐, 목적이 아니다. 따라서 워라벨(Work & Life Balance)을 당연한 것으로 인지하고 있으며, 보수가 적더라도 자신의 시간을 조금 더 많이 가질 수 있는 직장을 원한다. 왜 공공직의 경쟁률이 수백 대 일이 되는지 이제 좀 이해가 되는가? 불경기라서 안정된 직장을 갖기 위하여 공공기관에 지원한다고만 생각하였다면 크나큰 착각이다. 정부에서 주48시간, 52시간으로 노동 시간을 제한하는 밑바탕에는 이러한 이유도 있다고 본다. 그러므로 '돈 많이 줄 테니 일 많이 하라'는 기업은 앞으로 청년층을 구하기 어려울 것이다.

또 1990년대생들은 낙타가 바늘구멍 통과하는 것처럼 어려운 입사를 하고도 쉽게 퇴사를 하는데, 그 이유를 물어보면 '회사를 다니는 게 행복하지 않기 때문'이라고 한다. 이런 행동을 임원진은 이해할 수 없고, 중간 간부들은 부러워하면서도 아직 사회를 잘 모르기 때문이라고 생각한다. 그러나 둘 다 틀렸다.

출퇴근 시간을 쪼개가며 지하철이나 버스 안에서 어학 공부를 하고, 잠을 줄여가며 새벽반·야간반 학원에 등록하여 자기계발을 했던, 또 부족한 잠을 못 이겨 화장실에 앉아서 졸기도 했던 기성세대들이기 때문에 90년대생들의 행동을 이해할 수 없는 것이다. 자신들의 과거와 비교해 봤을 때, 그저 끈기 없는 젊은이로 밖에 보이지 않기 때문이다. 그러나 90년대생들은 이런 기성세대와는 완전히 다른 환경에서 성장하였다. 그렇기에 직업에 대한 가치관이 상당히 다른 것이다. 서두에서 시대별 직업관에 대하여 설명한 것도 이러한 이유에서이다. 이제 이 사실을 이해하고 받아들여야 한다.

마지막으로 90년대생, MZ 세대는 신입 사원으로 처음 회사에 들어오면 선배들이 형, 누나같이 또는 오빠, 동생같이 업무도 가르쳐 주고 명확한 업무 지시와 업무 범위, 그리고 업무의 목적과 목표를 설정해 주길 바란다. 즉 어떻게 일을 수행하여야 하는지 멘토가 되어 가이드를 해주길 원하는 것이다. 하지만 눈치코치를 다 동원해도 야단까지 맞아 가며 일을 배웠던, 또 맡은 직무의 전문가가 되기 위하여 사비까지 써 가며 자기 계발을 하였던 선배들의 눈에는 당연히 그런 90년대생들의 행동들이 좋게 보일 리가 없다. 회사를 학교로 생각하는 것 같고, 손 안 대고 코 풀려고 하는 것처럼 느껴지기 때문이다. 그러나 90년대생들이 살아온 사회가 그랬다. 시험을 대비한 족집게 과외, 시험 범위 설정 및 요약 설명 등이 당연하였던 세대이고, 논리적·논술적 교육 등이 이런 사고를 정착하게 만든 세대인 것이다.

반면, 자신의 일이라고 판단하면 엄청난 집중력으로 대단한 성과를 낸다. 이때 투철한 준법정신으로 회사의 규율과 규정은 알아서 철저히 지키며, 열린 사고로 새로운 것을 시도하는 데 거부감이 없다. 게다가 정보 서핑 능력 및 디지털 기기 습득 속도 역시 엄청나게 빠르고 자신이 관심 있는 분야에는 광적으로 파고든다. 이렇듯 기성세대가 가지고 있지 않은 여러 장점을 많이 가지고 있다.

어떤 회사의 인사부장이 이런 말을 하였다.

"이번 공채로 들어온 신입 사원들은 나와 밥 먹는 게 싫은가? 왜 매번 약속이 있다고 가나? 나를 피하는 건가?"

당연히 저런 생각을 가질 수밖에 없다. 그리고 신입 사원들이 자신을 피하는 것 같아 서운한 마음이 드는 동시에 괘씸하게 느껴질 수도 있다. 일반적으로 기성세대의 직장 정서는 부서장이 식사하러 갈 때 같이 가고, 부서장이 시키는 메뉴와 같은 메뉴를 시켜 조직 내 동질감과 유대감을 형성하는 분위기였기 때문이다. 그러나 90년대생들은 점심시간을 자신에게 주어진 또 하나의 휴식 시간으로 생각한다. 빠르게 밥을 먹고 자신이 하고 싶은 것을 하려는 것이다. 운동을 하거나 커피 한 잔 마시며 책을 읽기도, 또 낮잠을 자거나 하는 혼자만의 시간을 갖고 싶은 것이지, 절대로 선배들과 같이 밥을 먹기 싫어서 피하는 게 아닌 것이다.

이처럼 서로가 살아온 시대적 배경이 다르고, 환경이 다르기에 그들의 행동을 이해하고, 그들의 문화를 받아들여야 한다. 제군과 맞지 않는다고 이상한 사람, 잘못된 사람으로 생각하면 절대로 안 된다. 그들의 문화를 받아들이려는 자세로 먼저 다가가 보자. 처음에는 조금 힘들지 몰라도, 시간이 지나면 어느새 90년대생들의 엄청난 지지를 받고 있을 것이다.

여기 회사 일에 항상 불평불만이 많은 '불평쟁이', 매사에 늘 걱정을 안고 사는 '소심쟁이', 사무실 내 업무보다 외근 업무에 더 관심이 많은 '뺀질쟁이'가 있다. 어느 날 회사에서 업무에 도움이 안 되고 회사 분위기를 흐린다는 이유로 이들 모두를 권고사직시켰다. 그때 다른 회사에서 이 세 명을 모두 채용하여, 불평쟁이를 '품질 관리' 업무, 소심쟁이는 '안전 관리' 업무, 뺀질쟁이는 '판매 및 홍보' 업무에 배치하였다.

사소한 문제도 그냥 넘기지 않는 불평불만 많은 성격 덕분에 제품 불량이 획기적으로 개선되었고, 소심한 성격으로 인하여 안전 관리 규정과 안전 사고 방지 대책, 위생 환경 개선 대책이 마련되었다. 또 현장을 직접 발로 뛰는 적극성과 뛰어난 사교성으로 인하여 홍보와 판매 매출이 증가하였다. 이렇듯 회사의 인재상은 단순히 점수로 평가해서는 안 된다. 개개인의 성격과 장점을 고려하여 직무를 배치한다면 성과는 당연히 따라올 것이다.

끝으로 90년대생 자식들과 소통을 위해 읽었던 책 중, 제군들에게 도움이 될 만한 부분을 소개하며 마치도록 하겠다. 제군들 중 90년대생들과 소통하는 방법을 알고 싶다면, 이 책[17]을 추천한다.

---

17) 윤영철, 『90년생과 일하는 방법』, 보랏빛소, 2019

90년생 후배와 일할 때 기억해야 할 여섯 가지

① 자기 가치 추구. 보여 주기식 일보다는 일을 통해 스스로의 가치를 증명해 보이고 싶어 한다.

② 자율성 추구. 자율이 보장되는 구체적인 업무 수행과 명확하게 범위를 설정해 주었을 때 자신의 일이라고 생각하여 성과를 낸다.

③ 선배들의 디테일한 업무 수행 가이드 및 코칭을 원한다.

④ 자기 권리 추구. 규정 근무 시간 및 휴게 시간이 지켜져야 하고, 적법한 규칙 및 공정성을 중시하여야 하며, 법 또는 회사 규정을 벗어난 애매한 역할과 책임을 거부한다.

⑤ 성과를 위한 자기 계발 요구 시 구체적인 역량 개발 계획을 제시해야 한다. 또 성장 및 업무를 위한 지식·기술의 습득보다는 자신의 관심사 계발에 더 집중한다.

⑥ 디지털 소통 추구. 카카오톡, 인스타그램, 페이스북 등 다양한 매체를 통한 직관적 문자(text) 소통에 익숙하여 대면 상담보다는 문자 소통을 선호한다.

90년대생들과 친해지는 것을 두려워하지 말자. 이들은 앞으로 대한민국의 미래를 책임져야 할 세대들이다. 따라서 이들의 특징을 잘 파악하면, 회사 생활이나 창업에 큰 도움이 될 것이라고 생각된다. 또 각 세대마다 다른 환경에서 성장하고 지내왔다는 것을 인정하고, 각 세대의 장점을 활용하여 직무를 배치한다면, 그 회사는 엄청난 시너지 효과를 발휘할 것이다.

부록

🔆 생각 바구니 ① 제대 군인을 바라보는 시선

제군들의 취업을 위해 기업 현장을 발로 뛰어가며, 수많은 인사 담당 자들을 만나 제군들의 우수성을 알려보고, 기업 CEO들을 초빙하여 인 사 간담회를 실시해 봐도 좀처럼 양질의 고급 일자리 채용 의뢰가 오지 않았다. 그러던 어느 날 각 기업의 인사 담당자들이 모인 자리에서 제군 들의 채용에 왜 그렇게 소극적이고 단순한 업무만 의뢰하는지 솔직하게 말해 달라고 한 적이 있었다.

그리고 그때, 상당히 충격적인 답변을 받았다. 나이는 많고 경력은 없 으며, 채용을 한다 해도 어떤 직무에 배치해야 할지 애매하고 부담스럽다 는 것이었다. 그 답변을 듣고 "왜 경력이 없는가! 제군들이 군대에서 놀다 가 전역하는 것도 아니고, 일반인들은 접해 보지도 못하는 최첨단 기술 과 최고의 조직적 시스템을 배우고 익힌 인재들이다."라고 하였지만, 이들 을 설득시키기에는 한계가 있었다. 왜냐하면 기업인들은 군대라는 조직 에 대해서 자세하게 알고 있지 않기 때문이다.

그 뒤로 해군 본부의 일자리 지원 정책과의 협조를 받아 각 기업의 인사 담당자들과 CEO들을 초대한 인사 간담회를 정기적으로 실시했었다. 또 군 보직을 통해 배우는 우수한 기술력과 관리 능력을 인식시키고, 그 것을 기업의 직무와 연결시켜 군인들에 대한 인식의 전환이 필요하다고 도 꾸준히 설명하였다(군 보직 설명회 제안에 공군과 육군은 대응 및 연락이 없었 다). 그러나 어느 기관에서도 실천하지 않는다. 안하는 이유도 알고 있다. 하지만 대한민국의 모든 군인들이 피할 수 없는 것이 전역인데, 많은 사람 들이 관심이 없는 것 같아 안타깝기만 하다. 이대로라면 각 군부대 취업 지원 담당관들도 전역 후 보안·경비직 자리에서 자유롭지 못할 것이다.

생각바구니 ② 조 지라드의 1 : 250 법칙

미국 출신의 '조 지라드(Joe Girard)'는 세계적인 자동차 판매왕이라는 타이틀과 많은 베스트셀러를 탄생시킨 작가이지만, 35살까지는 인생의 낙오자였다. 직장에 들어가도 매번 무능함에 쫓겨나, 1년에 무려 14군데 의 직장을 옮겨 다녔다고 한다. 그런 그가 자동차 판매왕으로 세계 기네 스북에 오를 수 있었던 방법은 무엇이었을까?

조 지라드는 고객들의 장례식장에 빠짐없이 참석하였다. 그러던 어느 날, 우연히 조문 온 사람들을 세어 보니 평균 250명 정도가 된다는 사실 을 알게 되었다. 즉 한 사람이 평생을 살면서 그 사람의 말에 신뢰하고 영 향력을 받는 사람이 최소 250명 정도 된다는 말인 것이다. 그때 그는 1명 의 고객에게 불친절하게 대하면 그 사람과 연결되어 있는 250명의 고객 을 잃는 것이고, 반대로 1명의 고객에게 최선을 다해 신뢰를 얻으면 250 명의 고객을 얻을 수 있다는 사실을 깨달았다.

이 깨달음은 그의 인생에 큰 전환점이 되었고, 1년에 14군데의 직장에서 쫓겨났던 영업 사원이 판매 기네스북에 오르는 전설이 될 수 있었던 원동력이 되었다. 그는 항상 1명의 고객에게 판매를 하는 것이 아니라 250명의 고객에게 판매를 하는 것이라고 생각하며 일을 했다고 말하였다. 그리고 여전히 자신에게 처음 자동차를 구매하였던 고객의 생일과 결혼기념일, 심지어 고객의 아내 생일까지 무려 20년이 넘는 시간동안 꾸준하게 챙기고 있다. 대단하지 않은가? 이런 대접을 받는 고객이라면 무보수로 조 지라드를 홍보해 주는 홍보대사가 될 것이다.

조 지라드의 1:250 법칙 처럼 제군들을 채용한 기업에게 나쁜 이미지를 심어 준다면, 그 기업과 연결되어 있는 250개의 거래처에서 군인에 대해 좋은 평을 하겠는가? 단 한 번도 제군들을 채용해 보지 않은 회사도 제군에 대한 선입견이 생길 것이다. 다시 한 번 말하지만, 취업에 성공하여 입사하게 된다면, 제군이 대한민국 모든 군인을 대표한다는 생각을 가지고, 또 후배들의 취업 길을 열어준다는 소명 의식을 가지고 군에서 배운 충성, 책임, 정직, 성실이 무엇인지 일반인들에게 보여주길 바란다.

🔘 생각 바구니 ③ 나를 바꾸는 습관, '메모'하기

누가 부르던 메모장이나 노트를 항상 가지고 가는 습관을 기르는 것이 좋다. 또 메모장에 항상 무언가라도 적으려고 노력하자. 아무 말이라도 좋다. 자꾸 쓰는 버릇을 들이면 보고서 작성 능력도 향상된다. 주변 사람들도 자신의 말을 놓치지 않으려고 메모하는 제군들의 모습에 호감을 갖게 될 것이며, 상사 역시 자신의 말을 적고 있기에 조금 더 신경 써서 업무를 지시할 것이다. 거래처 직원들에게도 메모하는 모습을 보이면, 오더 및 납품 과정에서 조금 더 신중하게 약속하려고 할 것이며, 나중에 있을지 모르는 사고에 대비할 수도 있다.

개인 업무를 수행하는 경우에도 메모하는 습관을 들이면 좋다. 회사는 여러 가지 일을 동시에 수행해야 하는 경우가 많다. 본인의 고유 업무와 상사의 요청 업무, 부서 간의 협조 업무 등이 동시 다발적으로 생긴다. 이것을 기한 내 빠트리지 않고 수행하려면, 업무마다 발생하는 수정, 요청, 특이사항 등을 메모해 두는 것이 좋다.

사용해보니 스프링 메모장이 가장 좋았다. 문구점에 가 보면 묶어서 파는 것도 있으니, 손바닥에 들어오는 사이즈의 스프링 메모장을 50권 정도 구매하자. 너무 두꺼우면 소지하기 불편하여 안가지고 다니게 되니, 주머니에 넣었을 때 편안한 정도의 두께가 가장 좋다. 단, 포스트잇, 절단선이 있는 메모장은 안 된다. 처음에는 조금 번거로워도 습관이 되면 큰 도움이 되니 작은 부분 하나라도 메모하려는 습관을 들이자.

* 누구에게나 마지막 출근일은 있다. 그게 지금일 뿐. 실망하거나 답답해하지 마라. 군대가 여러분의 노후를 책임져줄 수는 없다. 한 살이라도 젊었을 때 나와야 전직이 쉬워진다.
** 청년 제군들이여 휴대폰 고르는 것보다 더 알아보고 연구해서 취업을 준비해야 한다.

맺음말

　지금까지 두서없이 적은 글을 끝까지 읽어준 제군들과 독자 여러분들께 진심의 마음을 담아 감사의 인사를 전한다. 항상 제군들의 일자리 발굴을 위해 현장을 발로 뛰어가며 어떻게 하면 제군들의 취업을 좀 더 효율적으로 지원해 줄 수 있을지 고민하며 일하였다. 그리고 여러 문제점에 대한 개선 사항을 제안해 봤지만, 아쉽게도 많은 것들이 시행되지 않았다. 아마 행정 처리의 어려운 부분도 있었을 것이고, 정책 담당자들의 짧은 보직 기간과 보직 변경 및 발령 등의 이유가 있었을 것이다. 그렇게 정책 담당관이 바뀔 때마다 처음부터 다시 제안을 설명하는 것이 바보 같다는 생각이 들어 책을 쓰게 되었다. 저자가 일선에서 물러나도 글은 계속 말하고 있을 것이니, 많은 사람에게 도움이 되었으면 좋겠다.

　군 사령관을 포함한 대한민국 모든 군인들은 '전역'이라는 명제에서 자유로울 수 없다. 국방부 및 각 군의 전직 지원 담당자들께서는 어제 전역한 선배의 모습이 나의 미래 모습이라는 것을 항상 염두에 두고, 전직 지원 업무를 단순히 맡겨진 임무로만 생각하지 않았으면 좋겠다. 어떻게 하면 전역을 앞둔 제군들에게, 조국과 민족을 위해 청춘을 바친 이들에게 보람과 희망이 가득한 사회로 나갈 수 있는 발판을 마련해 줄 수 있을지 고민하며 지원해 주셨으면 한다. 또 이 모든 게 결국은 나를 위한 일이 된다는 것을 꼭 알고 계셨으면 좋겠다.

　이 자리를 빌려 제군들의 전직 지원을 위해 진심으로 애쓰고 있는 '국가보훈처 제대군인지원센터'와 각 군부대 '전직 지원 담당관'들의 노고에 박수와 감사를 전하며, 이 책이 제대 군인들과 제대를 앞두고 있는 많은 분들의 전직을 위한 작은 등불이 되었으면 좋겠다.

참고문헌

- 간호재, 『4050 재취업 성공의 비밀』, 유심출판사, 2018
- 장욱희, 『나는 당당하게 다시 출근한다』, 매일경제신문사, 2015
- 잡스엔, 『읽다보면 취업되는 신기한 책』, 알프레드, 2016
- 김태완, 『대기업, 공기업이 원하는 고졸 취업』, 나비의 활주로, 2016
- 이윤석, 『기적의 직무 코칭』, 조선북스, 2014
- 박정호, 『공기업 취업 핵심전략』, 다연, 2017
- 윤영철, 『90년생과 일하는 방법』, 보랏빛소, 2019
- 김은성, 『마음을 사로잡는 파워스피치』, 위즈덤하우스, 2011
- 사이토 다카시, 『50부터는 인생관을 바꿔야 산다』, 센시오, 2019
- 이현주, 『직장생활의 99%는 관계다』, 메이트북스, 2019
- 이동우, 『10분 독서 101』, 이동우콘텐츠연구소, 2018
- e-나라지표 제대 군인 통계자료, 2020
- 제대군인직업상담사 직무역량향상 교육교재, 2021